GÉNÉALOGIE

DE LA FAMILLE

CREPY

3ᵐᵉ SUPPLÉMENT

A L'ÉDITION DE 1883

IMPRIMÉ PAR L. DANEL, A LILLE

1908

GÉNÉALOGIE

 DE LA FAMILLE

CREPY

GÉNÉALOGIE

DE LA FAMILLE

CREPY

3me SUPPLÉMENT

A L'ÉDITION DE 1883

IMPRIMÉ PAR L. DANEL, A LILLE

—

1908

NOTA.

Les numéros portés en haut, en marge de chaque notice, renvoient aux pages correspondantes de la Généalogie de 1883, et des suppléments de 1893 et 1904.

AVANT-PROPOS

En 1880, j'avais entrepris de reconstituer la famille
Crepy, à partir de 1685, c'est-à-dire, depuis l'arrivée
à Lille de Pierre Crepy, notre auteur, qui épousa
Marie-Joseph Bernard, et, en 1883, j'ai pu offrir à
ses membres, le résultat de mes recherches.

Je ne pensais guère alors que j'irais plus loin,
mais, ayant continué à tenir note des évènements
qui se produisaient dans la famille, il m'a été possible,
en 1893 et 1904, d'ajouter deux suppléments à mon
premier travail généalogique.

Aujourd'hui, parvenu à un âge que je ne comptais
pas atteindre, et où les illusions ne sont plus per-
mises, j'ai compris que le moment du repos était
arrivé, et je me suis décidé à faire paraître un 3me
et dernier supplément qui complètera, à peu près,
l'histoire de la famille Crepy, de 1685 à 1908, et
montrera que, pendant cet espace de 223 ans, elle
a su se créer une situation honorable qu'elle entend
bien conserver.

Pour plus de clarté, en raison de la grande exten-
sion prise par la descendance Walop-Crepy, j'ai
divisé mon supplément en trois parties : Branche
Crepy-Le Roy, Walop-Crepy, Crepy-Dubois. Pour
les deux premières, j'ai suivi l'ordre généalogique ;

mais, pour la troisième, j'ai conservé l'ordre chrono-
logique adopté pour les deux premiers suppléments.

Les généalogies qui ne donnent que des noms et
des dates sont forcément un peu arides, et n'offrent
guère d'intérêt. Pour éviter cet écueil, tenant compte
de ce que mon travail est exclusivement destiné à la
famille, je n'ai pas hésité à y insérer des détails intimes
qui, pour certaines personnes, pourront paraître insi-
gnifiants, mais, pour d'autres, je l'espère, seront de
nature à réveiller les souvenirs du temps passé, et
aussi à faire connaître aux générations futures, ceux
qui leur ont donné le bon exemple.

J'aurai peut être, ainsi, contribué à resserrer les
liens qui devraient toujours unir les membres des
familles nombreuses. C'est le vœu que je forme et
je termine en adressant mes bien vifs remerciements
aux parents aimables, notamment MM. Louis et
Henry Delcourt, Louis Théry, Stanislas Mourcou,
Charles Le Thierry d'Ennequin, qui ont bien voulu
me prêter leur précieux concours, et m'ont fortement
aidé à mener mon entreprise à bonne fin.

T. BOMMART.

Juin 1908.

CREPY-DESMARESCAUX

2mes NOCES

CREPY-DESMARESCAUX

2mes NOCES

———

1re BRANCHE

CREPY-LE ROY

175

BRAME-LESAGE

———×◇×———

.

BRAME, Jules-Louis-Joseph, entra au Conseil d'État en 1837, et fut nommé M⁶ des Requêtes en 1841. Lorsque le Conseil d'État fut licencié en 1848, il rentra dans le Nord et s'adonna à l'agriculture.

Appelé à représenter les intérêts de ses concitoyens, il fut tour à tour Conseiller d'arrondissement, Vice-Président du Conseil général, Député du Nord, Ministre de l'instruction publique en 1870, Sénateur.

> Une notice imprimée en 1878, chez L. Danel, résume la vie si bien remplie de Jules Brame, et montre qu'il était entouré d'une considération méritée et des sympathies universelles.

De leur mariage, les époux Brame-Lesage eurent deux fils :

Georges-Jules-Louis, qui suit.

Maxime-Constant-Auguste-Gaston, marié à Coget, Claudine, qui suit.

176   BRAME, Georges

—◦◦◦—

BRAME, Georges-Jules-Louis, né à Paris le 16
Août 1839.

Décédé, même ville, rue Tronchet, 25, le dimanche 5 Février 1888. Inhumé à Lille, cimetière du
Sud, dans le caveau de sa famille.

Chevalier de la Légion d'Honneur après la guerre
de 1870 qu'il fit comme capitaine des mobilisés, membre du
Conseil général du Nord, Député de ce département.

Extrait du journal La Dépêche, N° du 7 Septembre 1885.

Candidats Conservateurs.

M. Georges BRAME.

« Une figure ouverte et sympathique, l'air doux et décidé à la fois,
l'allure d'un officier en congé, et qui aurait laissé pousser toute sa barbe,
tel est, au physique, M. Georges Brame. L'on peut dire de lui que la
réalité justifie l'apparence, et qu'il est difficile de rencontrer une person-
nalité plus chevaleresque et plus bienveillante.

» Le père de M. Georges Brame, M. Jules Brame, après être resté douze
ans au Conseil d'Etat, était revenu, en 1848, cultiver ses champs, et
n'avait pas tardé à se faire un nom parmi les plus grands agronomes du
pays. C'est dans cette situation que les suffrages de ses concitoyens
vinrent le chercher en 1857. Député, Ministre ensuite, dans les jours
difficiles, M. Jules Brame resta toujours profondément dévoué aux intérêts
de l'agriculture. En 1860, il combattit les traités de commerce, il ne laissa
pas passer de session parlementaire sans les attaquer et, en 1870, il en
demanda formellement la dénonciation.

» On le voit, M. Georges Brame était à bonne école pour s'initier à
toutes les questions administratives et économiques : il suit la même
carrière que son père. En 1860, à la suite d'un concours, il entre au
Conseil d'Etat et, lorsque M. Jules Brame est nommé ministre de l'Instruction publique, il devient son secrétaire.

» Mais la guerre de 1870 arrive ; M. Georges Brame pense que son devoir n'est pas dans une administration quelconque, mais au milieu de ses compatriotes, sur les champs de bataille. Capitaine au 1er régiment de marche des mobilisés du Nord, il se conduit si vaillamment pendant toute la campagne, que, la guerre terminée, la croix de la Légion d'Honneur vient récompenser son courage. Sur ce point, les adversaires de M. Georges Brame se sont toujours plu à lui rendre un complet et légitime hommage. Le député de la cinquième circonscription de Lille n'appartient pas à ce personnel de candidats, dont M. Testelin peut dire qu'ils étaient tous, en 1870, Préfets ou Sous-Préfets.

» En 1876, M. Jules Brame fut nommé sénateur du département du Nord ; les électeurs des cantons de Cysoing, Lannoy, Pont-à-Marcq et Seclin, ne crurent mieux faire que de choisir, comme candidat, son fils Georges, et ce dernier fut élu Député par 11.148 voix contre 6.294 obtenues par le candidat républicain.

» C'est vers cette époque que M. Georges Brame eut la douleur de perdre son très estimé père, dont le souvenir est encore si vivant dans le département du Nord, et il lui succéda, au Conseil général, comme représentant du canton de Cysoing.

» Il fut réélu, le 14 octobre 1877, par 11.314 voix. sur 18.981 votants, battant, sans difficulté, son compétiteur M. Coget ; en 1881, les électeurs lui confirmèrent son mandat malgré la pression officielle, et les efforts désespérés du banquier parisien Bourgeois, qui prétendait traiter la cinquième circonscription de Lille en pays conquis.

» Aussi les opportunistes n'ont pu pardonner à M. Georges Brame, cette fidélité constante de ses commettants ; mais il leur a montré que, s'il dédaignait les calomnies, il savait au besoin faire respecter son honneur et celui de son père.

» A la Chambre des députés, M. Georges Brame, avec son collègue et ami M. des Rotours, est au premier rang des défenseurs de l'Agriculture. En 1880, lors de la discussion du tarif général des douanes, il soutint un amendement tendant à abaisser de 156 à 36 francs décimes compris le droit d'entrée sur les cafés.

» La France, disait-il, ne produisant pas de café, la taxe proposée ne correspond à aucun degré, à aucune protection du travail national, c'est une taxe prélevée sur la consommation populaire, rien de plus.

» Le café, en effet, est une denrée alimentaire de première nécessité ; il entre, à ce titre, dans la modeste ration de nos soldats. Ce qui est vrai pour les soldats l'est également pour les classes laborieuses.

» L'ouvrier des champs comme l'ouvrier des villes, ajoutait l'honorable député, obligé de se lever de grand matin, exposé au froid et aux intempéries de toute saison, trouve dans le café un aliment sain, qui lui donne la force nécessaire pour lutter contre les intempéries. L'impôt sur le café est un impôt anti-hygiénique et anti-démocratique.

» Et, répondant d'avance à ceux qui prétendaient que l'équilibre budgétaire serait affecté par cette diminution des droits d'entrée, il ajoute :

» En définitive la réduction que nous demandons ne serait pas aussi dommageable qu'elle le paraît au premier aspect ; car, d'une part, le dégrèvement aurait pour effet de développer la consommation dans des proportions considérables, et augmenterait en même temps, la consommation du sucre, puisque nous voyons qu'un kilogramme de café entraîne la consommation de 6 à 7 kilogrammes de sucre.

» C'était là, on le reconnaîtra, une politique économique, habile et prudente à la fois, mais l'intervention de M. Wilson fit rejeter l'amendement de M. Brame, et l'on eut la tristesse de voir tous les députés républicains du Nord, sauf l'honorable M. Mention, s'abstenir, ou voter contre.

» M. Georges Brame eut encore l'occasion de prendre plusieurs fois la parole pour soutenir les intérêts de l'Agriculture. Dans la séance du 2 juin 1883, notamment, il présentait un rappel au règlement, et demandait le dépôt immédiat du rapport sur la proposition Robert, tendant à l'établissement d'une surtaxe de 10 francs au lieu de 3, sur les sucres bruts étrangers.

» Orateur d'affaires avant tout, l'honorable député aborde quand il le faut, et avec non moins de succès, les discussions purement politiques. Tout le monde se rappelle encore avec quelle verve et quelle fine ironie il sut mettre au pied du mur le ministre Constans, relativement à la nomination comme Maire de Cysoing de M. Desmons. La question posée par M. Brame produisit du reste un résultat efficace, puisque, sur la simple annonce de son intervention, M. Desmons donna immédiatement sa démission des fonctions de Maire et de conseiller municipal, qu'il détenait toutes deux indûment.

» Dans la vie privée M. Georges Brame s'est toujours fait remarquer par sa bienveillance, et son aménité. Accessible à tous, sachant avec une délicatesse parfaite soulager les misères qui s'adressent à lui, il compte pour amis tous ceux que la passion politique n'aveugle pas et qui se préoccupent des intérêts supérieurs du pays.

» Digne héritier du nom et des qualités de son père, M. Georges Brame verra la journée du 4 octobre consacrer une fois de plus ce pacte de fidélité et de dévouement qui unit sa famille aux électeurs du département du Nord. »

MORT DE M. GEORGES BRAME.

» Un nouveau deuil vient de frapper la députation et le parti conservateur du Nord : M. Georges Brame, ancien Conseiller général, ancien auditeur au Conseil d'État, Chevalier de la Légion d'Honneur, est mort hier à Paris, dans son domicile de la rue Tronchet.

» Depuis plusieurs années M. Brame était atteint d'une de ces maladies sans rémission, sur la gravité de laquelle ses amis avaient pu se tromper, et qui vient de l'enlever, à la force de l'âge alors que le parti conservateur espérait encore de lui de nombreuses années de service et de dévouement.

» Que de deuils dans notre députation depuis les élections de 1885 !

» Delelis, Bottieau, Legrand de Lecelles, ces vaillants n'avaient pas lassé la mort implacable, il lui fallait encore une victime, et c'est parmi les plus populaires de nos députés qu'elle est allée la chercher.

» M. Georges Brame, héritier d'un nom justement vénéré dans notre département, remplaçait à la Chambre en 1870 son illustre père, M. Jules Brame, qui venait d'être nommé sénateur, et depuis lors, chaque fois réélu, il n'avait pas cessé de siéger dans notre assemblée législative, ou il s'était fait une place parmi les plus zélés, les plus acharnés défenseurs de l'Agriculture.

» Nous donnons plus loin dans notre au jour le jour, une courte biographie de ce vaillant dont la mort plonge aujourd'hui dans la douleur non seulement une famille honorée, mais tous les conservateurs du Nord, qui avaient pour ce député qui les représentait depuis douze ans, la sympathie et la reconnaissance que le peuple ne refuse jamais à ceux qui l'ont profondément aimé et servi.

» M. Georges Brame avait une de ces natures chevaleresques qui commande à tous le respect.

» Homme de dévouement et d'honneur, ce qu'il fut au Palais Bourbon, il l'avait été auparavant.

» Dans cette année terrible de 1870-71, où la France vaincue et envahie versait des flots de sang pour sauvegarder l'honneur, où ne pouvant enchaîner la victoire, elle méritait au moins l'estime de ses envahisseurs, et, par des prodiges d'héroïsme, arrachait au vainqueur ému et troublé, ce cri d'admiration : « oh ! les braves gens ! ». M. Georges Brame était là, dans les rangs de notre courageuse armée.

» Tandis que bien d'autres qui, depuis, ont siégé à la Chambre, avaient enfoui leur lâcheté au fond des bureaux, il était capitaine au 1er régiment de marche des mobilisés du Nord, et s'y conduisait si bien que la croix de la Légion d'Honneur, non souillée encore ni vendue, venait rayonner sur sa poitrine et récompenser son courage.

» Ce souvenir, il faut le rappeler dans les jours d'abaissement et de honte que nous traversons, il faut le rappeler pour la gloire de la nation, parce que si, en certains endroits, des coquins ont pu surprendre la bonne foi du suffrage universel, il est bon de ne pas oublier qu'il y a des valeureux dont le suffrage populaire, quelque pression qu'on ait exercé sur lui, n'a jamais pu se désaffectionner.

» M. Georges Brame était de ceux-là.

» Sa mort sera un deuil public pour notre département si laborieux, si honnête, si profondément patriote, pour notre département qui, en dépit du terrorisme qu'il subit de la part d'une administration sans vergogne ni pudeur, garde encore, et gardera toujours, ces deux grandes vertus, l'amour de la Patrie et de ceux qui ont été ses champions sur les champs de bataille ; la reconnaissance pour ceux qui ont protégé et défendu le travail national et lutté contre les errements d'où est sortie la misère qui étreint aujourd'hui les populations.

» Ah ! le coup qui nous frappe est terrible.

» Nous sentons tout ce que nous perdons en ce député populaire, mais si la douleur nous arrache des larmes de regret, elle n'amollira ni notre énergie ni nos espérances.

» Nous ne sommes pas de ceux que l'adversité abat, et si la consternation dans laquelle nous plonge un tel deuil pouvait nous donner un instant de défaillance, l'exemple de Georges Brame suffirait pour raffermir nos cœurs, pour fortifier notre foi et relever nos courages !

» Nous nous devons à nous-même, nous devons à la mémoire de notre député, de ne pas déserter le combat qu'il a si vaillamment soutenu.

» Le triomphe de la cause conservatrice a été le but des efforts de sa vie, parce qu'il savait que là, et là seulement, il y a pour la nation un garant de relèvement et de prospérité.

» A son exemple, nous continuerons à combattre ce combat. Nous travaillerons au succès de cette cause qui, en de mauvais jours, peut être vaincue parfois, mais à laquelle appartiendra la victoire définitive.

» Ce sera encore une manière, et non la moins digne, d'honorer la mémoire de notre député si regretté. »

(Extrait de *La Dépêche* du 7 Février 1888).

ÉLOGE DE M. Georges BRAME A LA CHAMBRE.

« A l'ouverture de la séance de la Chambre, M. Lefebvre, Président, a prononcé les paroles suivantes :

« J'ai le regret d'avoir à faire part à la Chambre d'une nouvelle perte qui vient de l'atteindre.

» M. Georges Brame, Député du Nord, vient de mourir des suites de la maladie dont il souffrait depuis plusieurs mois.

» M. Georges Brame était jeune encore, et ses amis le perdent au moment où les qualités qu'il avait déjà prouvées, accrues par l'expérience, leur promettaient un utile et durable concours (Très bien ! Très bien !)

» Entré au Conseil d'Etat sous l'empire, comme auditeur, par la voie du concours, il répondit en 1870 au premier appel de la patrie en danger, et sa conduite lui valut, pendant la campagne même, une décoration vaillamment gagnée (Applaudissements).

» Après l'élection de M. Jules Brame, son père, au Sénat, en 1876, M. Georges Brame avait été élu Député de l'arrondissement de Lille. Réélu en 1877 et en 1881, il fut élu de nouveau en 1885, par le département du Nord. Ceux qui l'ont entendu dans ces diverses législatures n'ont pas oublié la part compétente et efficace qu'il prit aux discussions sur les budgets de la guerre, de la marine, sur le tarif général des douanes et sur la question des sucres. (Très bien ! Très bien !)

» Tous les membres de cette Chambre, sans distinction d'opinion, s'associeront aux regrets qu'inspire à sa famille et à ses amis, la perte d'un collègue à qui ses qualités de droiture et de courtoisie avaient valu d'unanimes sympathies. » (Vifs applaudissements).

OBSÈQUES DE M. Georges BRAME.

« Les obsèques de M. Georges Brame ont eu lieu, ainsi que nous l'avons annoncé, ce matin en l'église St-André, à Lille.

» Elles ont eu un caractère des plus imposants. Une foule considérable y assistait, et on peut dire que toutes les notabilités de la région étaient présentes, donnant ainsi un témoignage de regret et de sympathie au Député dont la carrière fut si droite, et le nom si universellement respecté.

» Dès onze heures, l'affluence était grande autour de l'hôtel de M. Max Brame, rue Royale, où le corps du député défunt avait été ramené la veille.

» Le salon du rez-de-chaussée avait été transformé en une magnifique chapelle ardente où était exposé le cercueil qui disparaissait sous les fleurs.

» Pendant plus d'une demi-heure, la foule a défilé dans la chapelle ardente.

» A onze heures et demie, la levée du corps est faite par M. l'abbé Richard, curé-doyen de la paroisse St-André, entouré d'un nombreux clergé.

» Puis le cortège se met en marche dans l'ordre suivant : Les bannières, le clergé, les porteurs de couronnes, parmi lesquelles on remarque surtout la magnifique couronne de violettes et de lierre, offerte par la députation du Nord, et celle en immortelles jaunes, avec l'inscription suivante, en perles noires : A M. Georges Brame, le cercle l'Avenir du Nord. Les contremaîtres et ouvriers de M. Max Brame ont également offert une fort jolie couronne.

» Le catafalque vient ensuite. On ne voit plus le cercueil tant il est recouvert de couronnes de superbe dimension. On aperçoit seulement les décorations du défunt, au nombre de quatre :

» La croix de chevalier de la Légion d'Honneur, l'ordre du Christ de Portugal, la croix de chevalier de l'ordre du Nicham, l'ordre du Medjidié de Turquie.

» Les cordons du poêle sont tenus à droite, par MM. Beaucarne-Leroux et des Rotours, à gauche, par MM. Félix Le Roy et Plichon.

» Le deuil est conduit par le frère et le neveu du défunt, MM. Max Brame et Barrois-Brame.

» Derrière eux marchent M. Pajot, sénateur inamovible, et les Députés du Nord : MM. Jonglez, Lepoutre, Morel, Thellier de Poncheville, Le Gavrian, Déjardin-Verkinder, le comte de Martimprey.

» M. Paul de Cassagnac avait tenu à assister aux obsèques de M. Brame, dont il fut toujours l'ami intime. Il était venu accompagné de MM. Fauré, député du Gers, et Adolphe Pieyre, ancien député du Gard, l'un des chefs les plus écoutés du parti conservateur dans le Midi.

» M. Facon, Vice-Président du Conseil de Préfecture, représentait officiellement le Préfet du Nord.

» Comme nous l'avons dit au début, l'assistance était des plus considérables. On avait rarement vu, à Lille, pareille affluence à un convoi funèbre.

» On comprendra qu'il nous est impossible de mentionner toutes les notabilités qui figuraient dans le cortège, deux colonnes n'y suffiraient pas. Nous nous bornerons à citer quelques noms que nous avons pu rapidement noter :

» MM. Fiévet, ancien sénateur, Charles Desmoutiers, ancien député, Bieswal, Bouchery, Chombart, Duquenne, Marie-Soufflet, conseillers généraux ; Josson, Le Hardy du Marais, Hélin, Dilly, Bavière, Raoul des Rotours, le comte d'Hespel, conseillers d'arrondissements ; Camille Séc, conseiller d'Etat, Parenty, Vice-Président du tribunal civil de Lille, Meurillon, ancien Conseiller général, Catel-Béghin, ancien Maire de Lille, Lauwick Van Elslande, maire de Comines, Varlet-Nicole, maire de Mouchin, Denis-Pollet, maire de Wattrelos, Droulers, maire de Wasquehal, Bontemy, maire de Lys-lez-Lannoy, le comte de Montalembert, maire d'Annappes, Mulliez-Dewailly, ancien maire de Lannoy, Paul Watine, adjoint au maire de Roubaix, Lesage, adjoint au maire de La Bassée et beaucoup de maires et d'adjoints des communes de l'arrondissement de Lille.

» MM. Alfred Reboux, Directeur du Journal de Roubaix, et conseiller municipal, René Telliez, juge au tribunal de Lille, Georges Allard et Camille Remy, anciens magistrats, Duploix, directeur de la banque de France, Greterin, Directeur des postes et télégraphes, Marteau, architecte du département, Leblond, directeur-honoraire des asiles d'aliénés, le colonel Compagnie, le comte de Clermont-Tonnerre, le baron de Hauteclocque, Brunel, inspecteur d'académie.

» MM. Auguste Wallaert, Président du tribunal de commerce de Lille, Henri Bernard, Le Blan, Agache, de Valroger, Schoutteten, Clouet des Perruches, Derode, Chesnelong, Bonte, Boittieaux, Butin, Louis Danel, le capitaine Vaniscotte, Descamps, de Lille ; Henri Bossut, Georges Catteau, Gustave Watine, Aimé Delefosse, Achille Wibaux, Georges et Edouard Motte, Achille Delattre, de Roubaix ; André Cary, Dansette, d'Armentières ; Guillemaut, de Seclin ; Leclerc-Taffin, d'Hem ; Louis Taffin, d'Ascq ; Célestin Cordonnier, d'Haubourdin ; Jean-Baptiste Legrand, de Lecelles ; Wastelier du Parc, Paul d'Hespel, Le Vaillant de Jollain, le baron du Teil, de Rouvroy ; de Grimbry, de Norguet, Louis Cordonnier, Deville, Reuflet, Paquin, Virnot, etc., etc......

» Signalons en outre la présence des députations du Cercle de l'Avenir du Nord, et des Anciens Militaires qui ont combattu en 1870.

Toutes les classes de la société étaient représentées, et bon nombre d'ouvriers suivaient le convoi avec émotion.

» L'église Saint-André était magnifiquement tendue de draperies noires à bordure d'argent ; la maîtrise a chanté la messe de Requiem de Mazingue, qui était dite par Mr le Doyen Richard.

» L'offrande a duré plus de trois quarts d'heure.

» Le corps a été ensuite transporté au cimetière du Sud, et a été inhumé dans le caveau de la famille Brame.

DISCOURS DE M. DES ROTOURS.

Après les dernières prières, **M.** des Rotours, au nom de ses collègues de la députation du Nord, a prononcé le discours suivant :

MESSIEURS,

« Je remplis un douloureux devoir en adressant, au nom de la députation du Nord, un dernier adieu au collègue, à l'ami, qu'une mort prématurée vient de nous enlever.

» L'homme qui meurt avant cinquante ans laisse de nombreux témoins de sa vie toute entière.

» Parmi ceux qui m'entourent, il en est assurément qui se rappellent Georges Brame enfant, apprenant de sa sainte mère ces sentiments si délicats dont la trace ineffaçable se retrouve dans toute l'existence.

» Le foyer domestique lui réservait d'autres enseignements non moins précieux.

» Son aïeul vénéré, inscrit au livre d'or des bienfaiteurs des pauvres de cette ville, avait pu, jusqu'au delà de quatre-vingts ans, consacrer la haute aptitude de sa verte vieillesse à la direction des administrations hospitalières.

» Son père avait voué toute son activité et tout son dévouement à la chose publique.

» A leur école Georges Brame avait acquis l'habitude du travail devenue, dans sa famille, avec la bienfaisance, une vertu héréditaire. Il avait appris de bonne heure que quels que soient les dons de la fortune et de la naissance, l'homme ne vaut que par le travail dont il est capable.

» Aussi, le voyons-nous pendant toute sa jeunesse, laborieux et appliqué, se préparer par de fortes études à servir utilement son pays.

» Nommé en 1866, à la suite de brillantes épreuves, aux fonctions gratuites d'auditeur au Conseil d'Etat, il ne tarda pas à se concilier l'estime et l'affection de tous ceux qu'il approchait.

» La sécurité de ses relations, le soin consciencieux qu'il apportait à s'acquitter des missions et des travaux qui lui étaient confiés, firent bientôt apprécier sa collaboration et son concours, et lui valurent d'illustres amitiés qui lui sont restées fidèles.

» A cette carrière du Conseil d'État qui s'ouvrait pour lui sous les plus favorables auspices, il comptait se consacrer tout entier.

» La guerre de 1870, et les catastrophes qui l'accompagnèrent lui créèrent d'autres devoirs, et donnèrent à sa vie une direction différente.

» Les gardes nationaux mobilisés de la ville de Lille, sur les contrôles desquels, au premier appel de la patrie menacée, il s'était spontanément fait inscrire, l'ayant désigné pour commander l'une de leurs compagnies, il fit à leur tête toute la campagne du Nord.

» Ceux qui l'ont suivi ont pu apprécier sa valeur sur le champ de bataille, son entrain, sa constance, au milieu des plus cruelles épreuves.

» C'est dans une nuit de bivouac, sur la neige glacée qu'il contracta les premiers germes de la maladie qui l'a conduit au tombeau.

» Son attitude pendant la guerre avait fixé sur lui l'attention publique, aussi lorsqu'en 1876 son père M. Jules Brame fut appelé au Sénat, les électeurs de la cinquième circonscription de l'arrondissement de Lille le désignèrent comme député.

» Ce qu'il a été dans le Parlement, M. le Président de la Chambre le rappelait avant-hier avec sa haute autorité, au milieu de l'émotion générale. Il constatait tout à la fois les sympathies unanimes dont notre regretté collègue était entouré, et la part compétente et efficace qu'il prenait aux délibérations de la Chambre.

» Très au courant des questions qui concernaient notre Département, aucun vote ne le prit au dépourvu.

» Dans les délibérations si importantes sur les tarifs de douanes de 1879 et sur les traités de commerce qui ont suivi, ses votes inscrits à l'Officiel, témoignent de sa connaissance approfondie des intérêts de notre région, et le montrent défenseur résolu du travail national.

» Il suivait assidûment nos séances, et c'est à grand'peine que, dans ces derniers temps, ses médecins parvenaient à l'en tenir éloigné. Il était de la race de ceux qui savent mourir où est le devoir. Il a vu venir la mort avec la résignation et les espérances de la foi chrétienne.

» Esprit droit, cœur excellent, il était l'ami le plus dévoué et le plus sûr.

» La fermeté de ses convictions n'enlevait rien à la courtoisie de ses relations avec tous ses collègues.

» Cette physionomie sur laquelle la loyauté et la bonté étaient empreintes, demeurera vivante dans le souvenir de tous ceux qui l'ont connue, et, son nom, dignement porté dans le présent, comme il l'a été dans le passé, restera synonime de patriotisme, d'honneur et de dévouement. ».

DISCOURS DE M. PAUL DE CASSAGNAC.

M. Paul de Cassagnac, ami personnel de M. Georges Brame, a adressé à son vieil ami l'adieu qui suit :

« Et moi aussi je veux parler du cher mort que nous pleurons.

» Son âme qui est allée retrouver Dieu, le Dieu des cœurs purs, le Dieu des cœurs vaillants, s'indignerait si quelques paroles attendries ne me venaient aux lèvres, si quelque émotion poignante ne me saisissait au moment douloureux des adieux suprêmes !

» Je laisse à d'autres, à ceux qui furent ses collègues dans la représentation nationale du Nord, le soin de vous redire avec quelle fidélité jalouse, avec quel zèle infatigable , il remplissait le mandat politique et social qui lui fut donné par vous à diverses reprises.

» Sa disparition subite, inattendue du milieu d'eux, laisse une place vide que l'on pourra difficilement remplir.

» C'est une perte cruelle, irréparable, pour le département du Nord qui s'étonnera, après avoir éprouvé tant de regrets du père, de pouvoir en éprouver autant encore pour le fils !

» Noble famille que cette famille des Brame, dont l'unique devise est le devoir envers la Patrie et envers Dieu !

» Un département, qui fait surgir aux heures d'infortunes nationales de pareils hommes, est un département que la démagogie peut parfois tromper, mais qu'elle ne saurait persuader. Il finit toujours par se ressaisir !

» Et je veux me borner, moi, l'ami dévoué de sa jeunesse, l'ami de sa maturité, à vous rappeler quelles vertus lui servaient d'auréoles : Il était bon, de cette bonté souriante qui pardonne à toutes les faiblesses, mais qui demeure inexorable aux lâchetés. Il était franc ! Sa loyauté ne s'abaissa jamais au mensonge, et, de cette terre d'ici-bas, où l'estime de tous l'entoura constamment, jusqu'au ciel des chrétiens où il a déjà reçu sa récompense, il a passé sans s'égarer, sans fléchir, tout droit, ayant sa conscience pour guide, et son honneur pour étoile.

» Il était brave, il s'est battu courageusement pour son pays, battu pour sa dignité offensée, ainsi qu'il se serait battu pour ses amis, pour ses croyances, pour tout ce qu'il respectait, pour tout ce qu'il aimait.

» Il était croyant, sa foi était grande, large, facile, comme la foi qui ne fut jamais troublée par le doute, et c'est en face qu'il a regardé la mort venir à lui lentement, car elle n'était pas pour lui une crainte, mais une délivrance, une espérance !

» Qui, parmi nous, n'est obligé, voyant partir un tel homme, dans toute la vigueur de son corps, dans toute la force de son intelligence, et alors que tant d'autres vivent triomphalement pour le malheur et la honte de la France, qui n'est pas réduit à chercher dans la soumission aveugle aux volontés impénétrables, mais bien rigoureuses, hélas ! de la Providence, une consolation à défaut d'une explication dont le sens pénible vous échappe ?

» Georges, mon vieil ami, l'herbe du cimetière va croître et recouvrir ta dépouille mortelle. C'est vainement ! Car ton souvenir, impérissable en nous, restera respecté chez ces populations fidèles qui l'acclamèrent si souvent, demeurera tendrement béni chez tes nombreux amis qui, te connaissant bien, te chérissaient comme tu méritais d'être chéri.

» En leur nom à tous je te dis : Adieu ! Adieu ! »

Il était plus de deux heures quand la cérémonie s'est terminée.

(Extrait de *La Dépêche* du Vendredi 10 Février 1888).

M. GEORGES BRAME ET·LA PRESSE.

Les journaux parisiens qui annoncent la mort de
M. Georges Brame lui consacrent pour la plupart
des articles élogieux.

On ne lira pas sans intérêt les quelques extraits
suivants :

De l'*Autorité*.

« Ses collègues du Parlement regretteront vivement ce galant homme
animé de convictions si fermes, d'un bon sens si aiguisé, et si dévoué aux
populations dont il était le mandataire.

» Quant à nous, qui avons vécu dans son intimité, nous avons pu
apprécier tout le charme de ce caractère si loyal, si aimable, et si bon.
Il y a plusieurs années déjà, que nous avons eu la douleur de voir la
maladie ruiner ce tempérament si robuste, à qui de si longues années
semblaient promises. Malgré les rapides progrès que le mal avait faits
dans ces derniers temps, nous voulions nous faire illusion, et nous ne
pouvions nous résigner à croire à l'imminence de la catastrophe.

» M. Georges Brame laisse à tous ceux qui l'ont connu, l'exemple d'un
homme qui, dans une position indépendante, et pouvant mener la vie
oisive, a voulu faire son devoir de bon citoyen en consacrant son temps
aux intérêts de son pays, sans la moindre arrière-pensée d'ambition.

» Il avait hérité dans la région du Nord de l'immense popularité de son
père. Sa mort y fera un vide considérable. Puisse la sincère et profonde
douleur de ses amis, parmi lesquels nous nous honorions de compter,
adoucir pour sa famille, l'amertume d'une perte aussi cruelle ».

Du *Pays*.

« D'un caractère loyal et franc, M. Georges Brame n'emporte pas seulement les vifs regrets de ses amis politiques, mais encore il avait su
s'acquérir les sympathies de ses adversaires politiques ».

De la *Liberté*.

« M. Brame était l'un des représentants les plus connus du Nord.
L'ardeur avec laquelle il défendait les intérêts protectionnistes, lui avaient
acquis une véritable influence dans ce département industriel ».

Du *Moniteur Universel*.

« D'un caractère éminemment sympathique et conciliant, sa perte sera
vivement ressentie par ses amis, et aussi par ses adversaires politiques,
qui avaient pu apprécier sa droiture et ses hautes qualités ».

176

BRAME-COGET

———❧———

BRAME, Maxime-Constant-Auguste-Gaston, né à Paris, le 23 décembre 1840.

Décédé à Marquillies, le mercredi 26 septembre 1900, inhumé le samedi 29, dans le cimetière de cette commune.

Marié à Marquillies (Nord), le 30 avril 1864, T. Brame, Georges, demeurant à Paris, frère du marié, Danel, Paul-Liévin-Joseph, ami de la famille Brame, Coget, Joseph, fabricant de sucre, Desurmont, François-Louis, propriétaire, demeurant tous deux à Thumeries, oncles de la mariée, à

COGET, Claudine, née à Marquillies, le 4 mai 1844, fille d'Alexandre et de Elise Desurmont.

> BRAME, Maxime, fabricant de sucre et agriculteur à Marquillies, Conseiller général du Nord.

Extrait de *La Dépêche*, N° du 28 Septembre 1900.

« Une triste nouvelle nous est parvenue que nous avons le regret de faire connaître à nos lecteurs. M. Max Brame, membre du Conseil général du Nord, pour le canton de La Bassée, est décédé mercredi matin, à Marquillies, un peu avant sept heures, d'une congestion cérébrale.

» Il y a quelques mois, M. Max Brame subit une première atteinte du mal qui vient de l'enlever si rapidement à l'affection des siens, et de ses amis, mais sa robuste santé lui permit de résister à cette atteinte, et depuis lors, il s'était rétabli, incomplètement, sans doute, mais dans des conditions suffisantes pourtant, pour lui permettre d'assister à plusieurs séances du Conseil général, à la fin du mois d'août. Dans ces derniers temps, un mieux sensible s'était même manifesté, et l'on pouvait espérer que tout danger était écarté, pour un temps assez long.

» Mardi, c'est-à-dire la veille de sa mort, M. Max Brame avait paru fort bien portant aux personnes de son entourage. Il s'était même rendu avec un de ses vieux amis de Lille, M. Parades, dans sa propriété de La Vallée, à Wavrin, et il avait fait, en sa compagnie, une assez longue promenade à pied. Il avait formé le projet de se rendre, mercredi, à Lille, et il devait, à son retour, recevoir plusieurs invités à sa table. Rien ne faisait donc craindre un dénouement aussi rapide et aussi terrible.

» Mercredi matin, M. Max Brame, qui était fort matinal, s'était levé avant six heures, comme à l'ordinaire, sans que se manifestât aucun symptôme d'indisposition.

» Mais il était à peine debout, qu'une nouvelle congestion cérébrale se déclara, avec une force et une rapidité véritablement inouïes. En quelques instants, le mal fit des progrès considérables, et, un peu après 6 heures et demie, M. Max Brame rendit le dernier soupir, doucement, et presque sans souffrance.

» Cette mort imprévue causera, non seulement à Lille et dans le canton de La Bassée, mais encore dans toute la région du Nord, une profonde et douloureuse impression. Frère du regretté Georges Brame, le défunt était le second fils de M. Jules Brame, ancien ministre, décédé sénateur du département du Nord; il était né en décembre 1840, et n'avait pas, par conséquent, soixante ans révolus.

» Peu enclin aux luttes de la politique, mais profondément attaché au sol natal, M. Max Brame avait toujours voulu vivre au milieu des populations rurales dont il partageait les travaux, les aspirations et les goûts, et dont il était littéralement adoré. Rien ne semblait devoir manquer à ce respectable et digne homme, qu'aucune ambition ne guidait, et qui ne se servait de sa grande fortune que pour obliger ceux qui l'entouraient, et faire discrètement et largement le bien.

En 1864, il avait épousé Mlle Claudine Coget, fille de M. Alexandre Coget, cultivateur, fabricant de sucre, et Maire de Marquillies. Dans cette union assortie, et aussi dans le sentiment de la vie de famille qu'il avait profondément développé, il avait trouvé un bonheur que la mort impitoyable est venu subitement briser.

» Quelques années après son mariage, M. Max Brame avait pris la direction de la fabrique de sucre et de la culture de son beau-père, M. Alexandre Coget. Il en avait fait une ferme modèle, et une industrie modèle, non seulement au point de vue de la prospérité matérielle, mais encore par les excellents rapports qu'il avait créés et maintenus entre lui et le nombreux personnel qu'il occupait. Il avait trouvé dans son gendre, M. Gustave Barrois, un digne continuateur de ses travaux, et d'une bienveillance qui ne fit jamais défaut à personne.

» Il y a huit ans, en 1892, à la suite de la retraite de l'honorable M. Chombart, Conseiller général du canton de La Bassée, il fut envoyé à notre assemblée départementale, porté, peut-on dire justement, par les vœux unanimes de la population de ce canton, dont il défendit les intérêts avec une remarquable persévérance et un dévouement sans égal. En 1898, M. Max Brame avait été réélu à la quasi unanimité, par 3.225 voix contre 634.

» La mort de M. Max Brame est une grande perte pour sa famille si unie, pour ses amis si affectueux, pour tous ceux qui l'entouraient, ou qui avaient pu apprécier la droiture de son caractère, sa franchise un peu rude, mais toujours bienveillante, sa bonhomie pleine de cœur, son amitié toujours sûre, et qui se manifestait avec une délicatesse charmante, surtout dans les circonstances pénibles ou délicates.

» Nous tenons à assurer ceux qui le pleurent, sa femme, sa fille, son gendre, ses petits-enfants, et son respectable beau-père, M. Alexandre Coget, de la part très sincère que vous prenons au malheur qui les frappe.

Henri LANGLAIS.

(Extrait de la *Dépêche* du 1er Octobre 1900).

FUNÉRAILLES DE M. MAX BRAME, A MARQUILLIES.

« Les funérailles de M. Max Brame, conseiller général du Nord, qui ont eu lieu samedi, à onze heures, en l'église de Marquillies, ont constitué une splendide manifestation des sympathies et des affections dont était entouré le regretté défunt. Une foule considérable, venue de tous les points du canton et des communes environnantes, s'était jointe à la population entière de Marquillies, qui avait tenu à prendre part à un deuil qui était, pour elle, un véritable deuil de famille.

» En même temps les trains venus de toutes les directions, et le train spécial organisé, sur la demande de la famille, avaient amené des centaines et des centaines d'amis, connus ou inconnus, appartenant à toutes les conditions sociales, et désireux de rendre à cet homme de bien, un mérité et dernier hommage.

LE CORTÈGE.

» Le cortège, au milieu d'une affluence énorme, qui débouche de toutes les routes, s'est formé lentement, dans les grands jardins des propriétés de MM. Brame-Coget et Barrois. Les regrets sont unanimes, et, de cette foule respectueuse et silencieuse, la même impression de tristesse se dégage.

» Les sociétés se groupent. En tête marche la musique de Marquillies, puis viennent successivement les sapeurs-pompiers de Fournes, la musique de Don-Sainghin, les Sapeurs-Pompiers de Sainghin-en-Weppes, les Sapeurs-Pompiers de Fromelles, la musique de La Bassée, les Sapeurs-Pompiers d'Herlies, la musique de Salomé, les Sapeurs-Pompiers d'Aubers et la musique d'Aubers. Derrière les sociétés se groupent une quantité de sociétés de secours mutuels et d'anciens militaires, dont M. Brame était le généreux bienfaiteur.

» Les Sapeurs-Pompiers de Marquillies en arme, assurent le service, et forment une garde d'honneur, à l'entrée de la chambre ardente, et dans la cour de l'habitation de M. Brame.

» Un grand nombre de couronnes avait été offertes ; au hasard, nous notons, et avec le regret de commettre des omissions, celles des serviteurs de la famille, du personnel de la sucrerie et de la ferme, de la société de secours mutuels, et du Conseil municipal de Salomé, du Conseil municipal de Sainghin-en-Weppes, des ouvriers du tissage mécanique de La Bassée, des voyageurs et employés de commerce de Lille, des habitants de Marquillies, etc......

» Le cortège, un peu après dix heures et demie, se met en marche dans l'ordre suivant : les sociétés dont nous avons donné les noms plus haut, le clergé, les gardes-chasse des familles Brame et Coget, et enfin, le corps. Les coins du poêle sont tenus par MM. Jules Dansette, député de la circonscription, Senlfort, président du Conseil général du Nord, Motte, député du Nord et Conseiller général, M. Crespel, Conseiller d'arrondissement, Maire de La Bassée, et enfin, par les deux plus anciens Maires du canton : MM. Cordonnier, Maire d'Aubers, et Parent, Maire d'Hantay.

» Derrière le corps, porté par les ouvriers de l'exploitation agricole, que M. Brame avait si longtemps dirigée, vient la famille. Le deuil est conduit par M. Gustave Barrois, gendre du défunt, accompagné de M. Gruson, Ingénieur en chef des Ponts-et-Chaussées, par ses deux petits-fils et par son beau-père, M. Coget, Maire de Marquillies.

» Derrière, s'avance une multitude d'amis, dans laquelle nous remarquons : MM. le général Avon, Commandant la 1re brigade d'infanterie, Genty, Chef du service de santé du 1er Corps d'armée, Géry Legrand, Sénateur, Plichon et Théodore Barrois, députés du Nord, Georges Vandame, Emile Scrive, Moraël, Potié, Lepeuple, Membres du Conseil général du Nord, Louis Legrand, Conseiller d'Etat, ancien Conseiller général, ancien Ministre plénipotentiaire à La Haye, Desmazières, ancien Conseiller général, Boute et Vigneron, Conseillers d'arrondissement, Josson, ancien Conseiller d'arrondissement, tous les Maires du canton de La Bassée, Hié, Maire de Bailleul, et un grand nombre de Maires, d'Adjoints, de Conseillers municipaux, de communes étrangères au Canton.

» MM. Alfred Thiriez, Anatole Descamps, Maurice Wallaert, Paul Delemer, Charles Delesalle, Le Blan, Edouard Agache, Membres de la Chambre de commerce de Lille, Charles Dansette, ancien adjoint au Maire d'Armentières, le Docteur Calmette, Directeur de l'Institut Pasteur, à Lille, Pollet, Vétérinaire départemental, Masse-Meurisse, Legay, Pellarin, Inspecteur principal de la Compagnie du Nord, Regnard, Inspecteur, chef de gare, à Lille, Corman-Vandame, Edouard et Félix Fiévet, Bigo-Danel, Descamps-Fauchille, Fauchille-Wallaert, Battet-Roger, Lainé, Président du Syndicat régional des Négociants en gros en alcool, Bernard-Wallaert, Bottiaux, Van de Wèghe, etc., etc.....

A L'ÉGLISE.

« Le cortège se déroule à travers le parc attenant à l'habitation de M. Brame, pendant que la Fanfare de Marquillies exécute la marche funèbre de Chopin. L'aspect de cette multitude, à l'air triste et recueilli, est véritablement imposant.

» Il est plus de onze heures quand le cortège arrive à l'église de Marquillies, trop petite pour en contenir la dixième partie. La foule se masse dans les rues avoisinantes, et dans le cimetière. Un service d'ordre, fort bien organisé par les sapeurs-pompiers de Marquillies, permet cependant à tous de pénétrer et de sortir aisément par deux portes différentes, au moment de l'offrande qui a duré plus d'une heure.

» La messe a été dite par M. le Curé de Marquillies, et l'absoute a été donnée par M. l'abbé Carpentier, doyen de La Bassée. Dans les stalles du chœur, plusieurs prêtres et religieux des environs avaient pris place.

LES DISCOURS.

» Il est midi et demi quand la cérémonie religieuse est terminée. Le corps est porté devant la fosse béante qui n'est qu'à quelques mètres de la porte latérale de l'église. Là, M. le Doyen de La Bassée, devant la famille en deuil et la foule énorme qui se presse de toutes parts envahissant le cimetière, la place et les rues qui l'entourent, récite les dernières prières liturgiques ».

Puis les discours commencent. Le premier, M. Jules Dansette, Député du Nord, s'avance en proie à une émotion visible, et s'exprime de la manière suivante :

MESSIEURS,

» Mon devoir est de traduire ici vos sentiments de tristesse quand je voudrais m'isoler dans ma douleur muette.

» Max Brame était mon ami, le meilleur. Je l'aimais d'une affection reconnaissante pour sa bonté, pour la générosité de son cœur, pour sa rude franchise, pour sa bonne humeur, pour son paisible courage, pour sa conscience.

» Il avait hérité de son illustre père l'amour du bien public, le désintéressement, la fermeté du jugement, et la bravoure dans le devoir.

» Son père n'avait accepté d'être ministre que le jour où la patrie était envahie, et l'empire menacé ; l'exercice du pouvoir n'était plus qu'une lourde servitude, aggravée des responsabilités les plus redoutables. Collaborateur de la dernière heure, il eut pu comme tant d'autres donner après la chute de l'Empire une orientation nouvelle à ses idées. Il n'en fit rien. Il préféra l'honneur aux honneurs, et la fidélité aux ambitions satisfaites.

» Ses deux fils furent dignes de lui : l'aîné, Georges Brame, après avoir refusé la Croix de la Légion d'Honneur pour des services civils, au lendemain même de la déclaration de guerre, la recevait, quelques mois plus tard, des mains de Faidherbe, comme officier de mobiles, pour sa conduite sur le champ de bataille.

» Quant à Max Brame, il lui eut été facile de vivre dans une opulente oisiveté et loin de la politique qu'il n'aima jamais. Il avait tout ce qu'un homme peut désirer, une femme admirable par ses vertus domestiques, des enfants et des petits-enfants vivant à son foyer, une grande fortune ; mais il pensait, avec raison, que la loi du travail s'impose au riche comme au pauvre.

» Il se fit agriculteur et industriel. Il continua l'œuvre entreprise et menée à bien par son vénérable beau-père, M. Coget. Il fut à la tête du progrès agricole, et il ne tarda pas à acquérir, parmi nos populations rurales, une de ces popularités qui n'ont rien des fragiles caprices de la foule, parce qu'elle repose sur des qualités solides et des services rendus.

» Et c'est ainsi, Messieurs, que Max Brame se trouva désigné un jour, pour remplacer au Conseil général l'honorable M. Chombart.

» Il savait ce que la politique exige de sacrifices personnels, de renoncement et d'activité au service des intérêts que l'on représente ; il savait aussi ce qu'elle réserve parfois d'amertume et de désillusion, mais il était homme de devoir, et il accepta la charge que votre affection lui imposait.

» Ce qu'il fut au sein de l'Assemblée départementale, notre honorable Président le dira avec sa grande autorité à notre prochaine session, devant nos collègues qui appréciaient sa parfaite courtoisie, sa cordialité, et son large libéralisme.

» La passion qu'il apporta à la défense des intérêts du canton de La Bassée, son esprit de conciliation, son affectueux accueil pour tous, désarmèrent toutes les hostilités, effacèrent toutes les préventions, et, il y a deux ans, il fut réélu à la presque unanimité des suffrages.

» Le voilà couché dans sa tombe par un mal qui ne pardonne pas. Il se savait atteint sans rémission et le mal le laissait impassible et fort.

» Il avait gardé, au fond de lui-même, la foi de ses premières années et, après avoir réglé ses comptes avec Dieu, il attendait courageux et stoïque, dissimulant aux siens sa propre souffrance, s'efforçant de semer dans leur cœur l'illusion et l'espoir.

» Il est parti laissant, derrière lui, le souvenir d'un homme honnête et bon, léguant à ses petits-fils des exemples qui sont un noble et précieux patrimoine.

» Et je m'incline avec respect devant la douleur des siens, devant le fier vieillard, son beau-père, qui reste parmi nous comme l'incarnation des antiques vertus de notre race, devant sa veuve qui lui prodigua sans espoir les soins les plus touchants, devant sa fille qui, pendant ces longues épreuves se montre digne de sa mère, devant son gendre, et devant ses petits-enfants ; et ne trouvant aucune parole de consolation, avec vous Messieurs, j'élève mon cœur vers celui en qui réside toute paix, et qui, seul, peut atténuer une aussi cruelle douleur en éclairant notre tristesse d'un rayon de foi et d'espérance ».

Après lui, **M.** Crespel, Conseiller d'arrondissement, Maire de La Bassée, prend la parole au nom des Maires du Canton :

MESSIEURS,

« La mort de Max Brame met en deuil toutes les communes du canton de La Bassée ; c'est, pour toutes, une perte douloureuse qu'elles ont vivement et profondément ressentie.

» Depuis huit ans qu'il les représentait à l'Assemblée départementale, Max Brame leur avait donné son active intelligence et son énergique volonté ; soit qu'il intervînt en faveur des travailleurs du sol, ou de la mine, pour demander l'amélioration de leur sort, par l'établissement de lois protectrices, ou par la création d'institutions de prévoyance, soit qu'il défendît les intérêts généraux du pays, en sollicitant la construction des tramways, ou la mise en marche de trains plus rapides, ou plus fréquents ; toujours il sut se faire écouter par ses collègues qui aimaient en lui, le tact des rapports et la franchise du caractère; et, le plus souvent, il sut faire aboutir ses réclamations, à force de persévérance et de démarches auprès des pouvoirs publics ou des administrations compétentes.

» Accueillant à tous, il avait mis à la disposition de ses électeurs, quels qu'ils fussent, et sans distinction, la grande influence qu'il s'était acquise par ses relations, ou que lui avaient valu la haute situation de son père et de sa famille, et le souvenir des services rendus par eux.

» Mais, par dessus tout, c'est son cœur qu'il avait donné généreusement, et avec une prodigalité qui l'aurait épuisé bientôt, si Dieu n'y eut déposé des trésors intarissables de bonté. La porte de sa maison était ouverte, toute grande, à tous ceux qui avaient besoin du concours de sa bourse ou de son expérience, et il distribuait, avec un égal bonheur, ses charités et ses conseils.

» Aussi la consternation fut-elle profonde dans nos communes, lorsque se répandit le bruit de la triste nouvelle, et bien que nous connussions depuis dix-huit mois l'ébranlement de sa santé et les progrès de la maladie, la soudaineté avec laquelle la mort l'a ravi nous surprit tous terriblement.

» C'est qu'à la rude besogne à laquelle il s'était assujetti, les tempéraments les plus robustes s'émoussent, et les existences les plus solides chancellent et se brisent bien vite.

» Pour moi personnellement, à qui mes fonctions ont valu la bonne fortune de vivre parfois dans son intimité, et d'approcher plus près de son cœur, je ne saurais oublier jamais la grande bienveillance de son accueil, ni la profonde sagesse de ses avis.

» On ne se sépare pas, sans larmes, d'un tel ami, et, c'est avec une émotion poignante, qu'au nom du canton de La Bassée, dont j'ai eu l'honneur d'être avec lui, le représentant, je dépose sur sa tombe, l'expression des regrets unanimes qui l'accompagnent, du souvenir reconnaissant que garderont de lui ses concitoyens, et de l'espérance réconfortante que nous donne notre foi chrétienne d'un au revoir dans l'éternité auprès de Dieu.

M. Delemer, au nom de la commune de Marquillies, où il est adjoint au Maire, prend la parole à son tour et s'exprime ainsi :

« C'est le cœur brisé d'amertume que je viens, au nom de cette commune attristée, déposer au pied de la tombe de M. Max Brame, l'expression des cruels regrets que sa mort cause parmi nous.

» Je ne retracerai pas cette vie toute de travail et d'abnégation, des voix plus autorisées que la mienne vous diront ce qu'elle fut ; quant à moi, je vous dirai simplement que M. Brame incarnait, comme ses ancêtres, l'image de la loyauté, jointe à celle d'une bonté sans réserve, et d'une générosité sans bornes.

» Nous garderons toujours, au fond de notre cœur, l'inaltérable souvenir de ses bienfaits, le souvenir des immenses services qu'il a rendus à la cause des travailleurs, à celle de l'industrie et de l'agriculture.

» Maintenant que la mort a rompu pour toujours les liens matériels qui nous unissaient tous à lui, permettez-moi, avant de lui dire un dernier adieu, d'adresser à sa digne épouse, à ses chers enfants, à son vénérable beau-père, l'expression de nos sentiments attristés. Puissent ces nombreux témoignages de douloureuse sympathie adoucir la peine cruelle qu'ils éprouvent en cette triste circonstance.

» M. Brame, je ne vous dis pas un éternel adieu, mais un au revoir dans le sein de l'heureuse éternité ».

M. Gruson, ingénieur en chef des Ponts et Chaussées, au nom des amis de la famille, prononce le discours suivant :

MESSIEURS,

« J'étais attaché à M. Max Brame par les liens d'une très vieille et très solide affection ; il me considérait comme un des siens, et, malgré mon émotion, je ne veux pas le quitter pour toujours sans lui dire un dernier adieu.

» Bon, dévoué et serviable pour tous ses amis, il avait une grande et rare qualité : quelle que fut la situation dans laquelle les hasards de la vie les avait entraînés, il leur témoignait une égale et affectueuse cordialité. Il suivait, en cela, les traditions paternelles, et il était aidé par Mme Brame, par sa fille et par son gendre, qui rivalisaient avec lui de simplicité et de bonne humeur.

» J'ai, plus que tout autre, pu apprécier le charme de ces relations ; plus que tout autre, j'ai souffert, depuis un an, de voir sa robuste constitution atteinte d'une façon irrémédiable.

» C'est avec un véritable déchirement que j'ai appris sa mort soudaine, alors que j'étais loin de lui, et je suis accouru pour partager la douleur des siens.

» Je suis sûr d'être l'interprète de tous les amis en disant, devant sa tombe, que son souvenir restera profondément gravé dans nos cœurs, et en assurant sa famille désolée de notre douloureuse sympathie.

Enfin, M. Cambron, directeur de la sucrerie Barrois-Brame, parle, au nom du personnel de la sucrerie et de la ferme. Nous regrettons vivement que l'abondance de la copie ne nous permette pas de reproduire son allocution touchante, toute remplie d'une sympathie si profonde et si vraie, et qui exprimait si bien les sentiments de tous les assistants.

Il était près d'une heure quand la foule s'est dispersée, après avoir salué les parents de M. Max Brame qui ont pu, dans cette manifestation si touchante, trouver une consolation au grand malheur qui les a frappés si subitement.

176-75

BARROIS-BRAME

— ✦ —

Suite de la descendance :

Maxime-Constant-Auguste-Gaston, né à Marquillies, le 6 mars 1901. P. Jacques Barrois, frère, M. Mlle Wallaert, Hélène.

BARROIS, Gustave, Conseiller général du Nord, Administrateur de la Banque de France, Membre de la Chambre de Commerce, Vice-Président du Syndicat des fabricants de sucre de France.

BARROIS, Claude, Brigadier au 21ᵉ régiment de dragons, décédé à Marquillies, le mardi 24 décembre 1907. Inhumé le vendredi 27, dans le cimetière de cette commune.

Extrait du journal l'*Echo du Nord* du 27 décembre 1907.

« Nous apprenons, avec un bien vif regret, la mort de M. Claude Barrois, fils de M. Barrois-Brame, Conseiller général du canton de La Bassée.

» M. Claude Barrois faisait son service militaire au 21ᵉ dragons, à St-Omer ; il venait d'être nommé brigadier.

» Son état de santé était excellent lorsque, il y a dix ou quinze jours, il se sentit souffrant. On le ramena chez ses parents, à Marquillies, où l'on constata bientôt qu'il était atteint de fièvre typhoïde. Malgré les soins les plus dévoués, il a succombé mardi à huit heures du soir.

» On devine la grande douleur que doivent éprouver ses parents, M. et Mᵐᵉ Gustave Barrois-Brame, sa grand-mère, Mᵐᵉ Max Brame, et son aïeul, M. Alexandre Coget. Rien ne peut apaiser de pareils chagrins, pas même les sympathies unanimes de nos concitoyens, et nous ne pouvons qu'imparfaitement exprimer l'émotion qu'ont éprouvée à la nouvelle de cette cruelle épreuve, tous ceux qui connaissent et estiment la famille du défunt ».

FUNÉRAILLES DE M. CLAUDE BARROIS.

« Vendredi matin ont eu lieu, en l'église de Marquillies, les funérailles de M. Claude Barrois, fils de M. et Mme Gustave Barrois-Brame, dont nous avons annoncé la mort prématurée.

» Une foule considérable, venue de Lille, Béthune et des environs, avait tenu, en cette douloureuse circonstance, à apporter un témoignage de sympathie à la famille Barrois-Brame.

» Les trains spéciaux venant de Lille et de Béthune, qui étaient archicombles, n'avaient pas suffi à contenir l'affluence des amis, et beaucoup étaient venus en voitures ou en automobiles, dont la longue file s'alignait aux abords du château.

» Sur le cercueil, une immense croix en superbes fleurs naturelles recouvrait le drap blanc broché d'or. De nombreuses couronnes avaient été déposées par les amis de la famille ou du défunt ; l'une d'elles, hommage touchant de cordialité militaire, avait été envoyée par les officiers, brigadiers et soldats de l'escadron du 21ᵉ dragons, auquel appartenait M. Claude Barrois.

» La levée du corps a été faite par M. Lengrand, doyen de La Bassée. En tête du funèbre cortège marchaient les enfants des écoles de Marquillies, les membres de la Société de Secours mutuels, de la fanfare municipale, et des sapeurs-pompiers de la commune.

» Pendant la messe, des chants religieux, supérieurement exécutés, ont été entendus : l'offrande, qui a commencé en même temps que l'office religieux, et qui s'est faite des deux côtés de la table de communion, s'est prolongée jusqu'à la fin de la cérémonie, sans que toute l'affluence des assistants ait pu défiler.

» Nous n'essayerons pas d'énumérer toutes les personnes en vue qui ont assisté aux obsèques, il faudrait nommer presque tout le monde ; nous nous bornerons à signaler une délégation d'officiers, brigadiers et soldats du 21ᵉ dragons, M. le Secrétaire Général de la Préfecture du Nord, les généraux Chamoin et Sève, le colonel Breuillac du 6ᵐᵉ chasseurs à cheval, plusieurs officiers du 43ᵐᵉ et du 16ᵐᵉ chasseurs à pied, M. Delesalle, Maire de Lille, et la presque totalité des Maires du canton de La Bassée: MM. Jules Dansette et Vandame, Députés, MM. Emile Scrive, Binauld, Barrois-Lepers, Le Glay, Dehau, Maurice, Conseillers généraux, M. Crespel, Conseiller d'arrondissement, Maire de La Bassée, MM. Bigo-Danel, Gruson, Guillaume Des Rotours, Célestin Cordonnier, Maurice Scalbert, Gonnet, Pierre Thiriez, Warguy fils, Henri et Olivié Scrive, Catel, Dubar, etc., etc.

» Au cimetière, des discours ont été prononcés par M. Cornaille, qui fut le précepteur de M. Claude Barrois; par M. Delemer, adjoint au maire de Marquillies, et par le commandant d'Amonville, du 21ᵉ dragons.

» L'inhumation a eu lieu dans le caveau des familles Coget-Barrois-Brame.

» Il était onze heures et demie lorsque la triste cérémonie a pris fin ».

Extrait du journal *La Dépêche* du dimanche 20 décembre 1907.

CREPY-DESMARESCAUX

2mes NOCES

———— ❧ ————

5e Branche

WALOP-CREPY

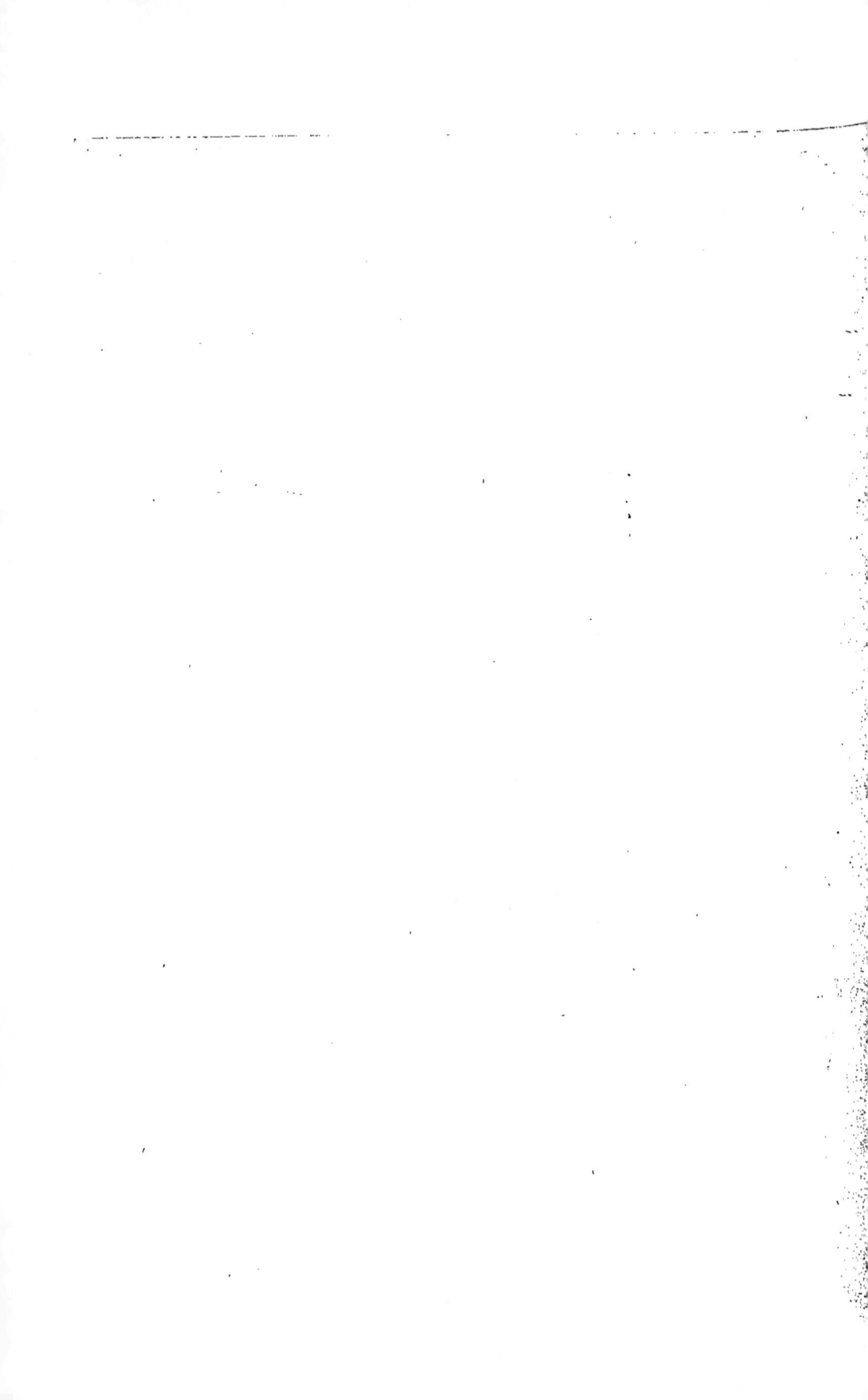

289-4

ARNOULD-DELCOURT

———✳✳✳———

Descendance.

De leur mariage, les époux Arnould - Delcourt eurent cinq filles, toutes nées à Lille, 129, rue de Wazemmes, et baptisées en l'église St-Pierre-St-Paul, par M. le chanoine Carton.

Elisabeth-Jeanne-Marie-Joseph, née le 7 février 1891, B. le lendemain, P. M. le colonel Emile Arnould, grand-père, M. Mme Louis Delcourt-Meurisse, grand'-mère.

Jeanne-Marguerite-Marie-Joseph, née le 10 avril 1893, B. le lendemain, P. M. Louis Delcourt, grand-père, M. Mme Emile Arnould, née Franchet d'Esperey, grand'mère.

Madeleine-Marie-Joseph, née le 11 mars 1895, B. le 12, P. M. André Théry, oncle, M. Mlle Madeleine Delcourt, tante.

Thérèse-Solange-Marie-Joseph, née le 17 mai 1896, B. le 18, P. M. Louis Delcourt fils, oncle, M. Mme Gaston Zylof de Wynde, née Arnould.

Marguerite-Marie-Joseph, née le 30 mai 1897, B. le 1er juin, P. Xavier Arnould, oncle, M. Mlle Marie-Thérèse Delcourt, tante.

289-35   MAQUET-DELCOURT

—◦◦◦—

Le mariage religieux fut célébré le 9 août, en
l'église St-Pierre-St-Paul, et la bénédiction nuptiale
donnée par M. le chanoine Vandame, cousin-germain
de la mariée.

De ce mariage :

Georges-Ernest-Antoine-Marie-Joseph, né le 10 juillet 1899, baptisé le 11, par M. le chanoine Fremaux,
Doyen de Ste-Marie-Magdeleine, P. M. Maquet, son
grand-père, M. Mme Delcourt, sa grand'mère.

Angette-Laure-Marie-Joseph, née le 1er février 1902,
B. le 3, à Ste-Marie-Magdeleine, par M. le chanoine
Fremaux, doyen, P. M. Louis Delcourt, son oncle,
M. Mme Faucheur-Maquet, sa tante.

Joseph-Marie-Félix, né à Mons-en-Barœul, le 3 juin
1904, B. le 6, par M. le curé Rigaut, P. M. Félix
Fiévet-Maquet, son oncle, M. Mme Arnould-Delcourt,
sa tante.

Antoinette-Renée-Madeleine-Marie-Joseph, née
même commune, le 27 juin 1905, B. le 28, par M. le
curé Rigaut, P. M. René Faucheur-Maquet, son oncle,
M. Mlle Madeleine Delcourt, sa tante.

Agnès-Marguerite-Marie-Joseph, née même commune, le 3 juin 1906, B. le même jour, par M. le
curé Rigaut, P. M. André Arnould-Delcourt, son
oncle, M. Mme Fiévet-Maquet, sa tante.

289-30   # DELCOURT-SCALBERT

—⋆—

Descendance.

De leur mariage, les époux Delcourt-Scalbert, eurent :

Elisabeth-Jeanne-Marie-Joseph, née rue de Valmy, 31, le 26 avril 1902, B. le 27, par le R. P. Pierre Decoster, son grand-oncle, P. M. Maurice Scalbert, banquier, M. Mme Delcourt-Meurisse, sa grand'mère.

Louis-Marie-Joseph-André, né même maison, le 15 août 1903, B. paroisse St-Michel, par M. l'archi-prêtre Scalbert, doyen de l'église St-Jean-Baptiste, de Dunkerque, son grand-oncle, P. André Arnould-Delcourt, ancien officier de marine, agent d'assurances à Roubaix, son oncle, M. Mme Maurice Scalbert, sa grand'mère.

Germaine-Madeleine-Marie-Joseph, née boulevard Montebello, 27, le 1er octobre 1904, B. le même jour, paroisse St-Martin, par M. le chanoine Vandame, cha-pelain de Notre-Dame de la Treille, son oncle à la mode de Bretagne, P. M. Henri Scalbert, banquier, son oncle, M. Mademoiselle Madeleine Delcourt, sa tante.

Cécile-Thérèse-Marie-Joseph, née même maison, le 14 juillet 1907, B. le 15, même paroisse, par le R. P. Decoster, son grand-oncle, P. Michel Scalbert, ban-quier, son oncle, M. Mme Georges Maquet, née Delcourt, sa tante.

289-69 DELCOURT-ROQUETTE

—◦◦◦—

Etienne-Paul-Denis-Marie-Joseph, né rue de Wazemmes, 145, le 20 juillet 1885.

Blanche-Marguerite-Marie-Joseph, née même maison le 1er décembre 1889.

Dans la crypte de N. D. de la Treille, parmi les inscriptions funéraires de la Chapelle de N. D. des Sept-Douleurs, on remarque : Pierre de la famille Delcourt-Malfait.

Sujet du monument : Sixième douleur de Notre-Dame. Sur cette pierre sont gravés les noms de :

Louis DELCOURT.

Elisabeth MALFAIT.

Et ceux de beaucoup de leurs enfants et descendants.

290-18   DELCOURT-VALDELIÈVRE

———⚹———

Descendance :

De leur mariage, les époux Delcourt-Valdelièvre, eurent :

Jacques, né le 30 juillet 1896, place Philippe-le-Bon, 28, B. en l'église St-Michel, P. M. G. Valdelièvre, fils, son oncle, M. Mᵐᵉ H. Desjonquères, sa tante.

Daniel, né même maison, le 15 juin 1898, B. même paroisse, P. M. Xavier Delcourt, son oncle, M. Mlle Anna-Marie Valdelièvre, sa tante.

Geneviève-Ghislaine-Marie-Joseph, née place de Tourcoing, 21, le 8 novembre 1899, B. en l'église St-Pierre-St-Paul, P. M. Pierre Valdelièvre, son oncle, M. Mlle Geneviève Delcourt, sa tante.

Décédée même maison, le 13 avril 1906, inhumée le mardi 17, à l'Est.

Alain, née même maison, le 4 mars 1904, B. en l'église St-Pierre-St-Paul, P. M. Jean Valdelièvre, son oncle, M. Mᵐᵉ Léon Descamps, sa cousine issue de germains.

Ghislaine-Jeanne-Louise-Marie-Joseph, née même maison, le 26 février 1908, B. le lendemain, même église, P. M. Jean Delcourt, oncle, M. Mᵐᵉ Pierre Valdelièvre-Danel.

290 DELCOURT-GRESSE

———×××———

DELCOURT, Xavier-Louis-Marie-Joseph, né rue de Wazemmes, 145, le 20 juillet 1870, T. Henri Porchet, et Théodore Carpentier.

Marié à Bordeaux, le 8 juillet 1902, T. Henri Delcourt, frère, Albert d'Halluin, ami du marié, Louis Gresse, oncle, M. Dubosc, ami de la famille à

GRESSE, Marguerite, née à Bordeaux, le 26 avril 1878, y demeurant, 81, quai des Chartrons.

La bénédiction nuptiale fut donnée en l'église Saint-Louis, par M. l'abbé Yzan, doyen de la paroisse.

De ce mariage :

Daniel, né à Paris, le 29 décembre 1905, B. le 9 juin 1906, en l'église St-Pierre de Chaillot, par M. l'abbé Ledain, curé de la paroisse, P. M. Daniel Gresse, M. Mme Ernest Delcourt.

Simonne-Marguerite-Marie-Joseph, née à Paris, le 4 août 1907, B. le 12 octobre suivant à Bordeaux, en l'église Saint-Louis, par M. l'abbé Yzan, curé, P. M. Albert Dhalluin, oncle, M. Mme Gresse, grand-mère.

290-28   Henri DESJONQUÈRES-DELCOURT

———◆◆◆———

Descendance :

De leur mariage les époux Henri Desjonquères-Delcourt, eurent six enfants, tous nés au Tréport, route d'Eu, N° 15, et baptisés en l'église Saint-Jacques, de cette ville :

Suzanne, le 30 août 1898, B. le 1er septembre, P. M. Ernest Delcourt, grand-père, M. Mme Charles Desjonquères, grand-mère.

Bernard, le 15 septembre 1899, B. le 17, P. M. Edmond Desjonquères, son oncle, M. Mme Ernest Delcourt, sa grand-mère.

Luc, le 25 juin 1902, B. le 12 août suivant, P. M. Jean Desjonquères, son oncle, M. Mme Emile Daire, sa grande-tante.

Henriette, sœur jumelle du précédent, P. M. François Thureau-Dangin, son cousin, issu de germains, M. Mme François Thureau-Dangin, sa cousine, issue de germains.

Isabelle, le 19 septembre 1903, B. le 22, P. M. Henry Delcourt, son oncle, M. Mme Xavier Delcourt, sa tante, décédée le 17 février 1908.

Gertrude, le 4 juillet 1905, B. le 13, P. M. Henry Roquette, son grand-oncle, M. Mme Louis Hanchecorne, sa tante.

290   DELCOURT-de FOVILLE

———◈———

DELCOURT, Joseph-Marie-Emile-Ernest, né rue de Wazemmes, 145, le 8 juin 1873, T. Henri Porchet, et Hector Sentemé, sous-officier retraité, chevalier de la Légion d'honneur.

Marié à Paris, agrégé de l'Université, le 2 juin 1903, T. du marié : Henri Delcourt, frère, Emile Senart, cousin, de la mariée : Félicien Hennequin, oncle maternel, et M. de Navacelle, cousin, à

De Foville, Gabrielle, née à Paris, le 6 octobre 1878, fille de M. de Foville, membre de l'Institut, conseiller à la Cour des Comptes, ancien directeur de la Monnaie, etc....

La bénédiction nuptiale fut donnée en l'église Saint-Sulpice, par M. l'abbé Paul de Foville, supérieur du séminaire de Saint-Sulpice, oncle de la mariée, qui adressa aux jeunes époux une remarquable allocution

> DELCOURT, Joseph, agrégé de l'Université de France, professeur au Lycée de Montpellier, y demeurant, villa Sainte-Berthe, avenue Chancel.

De ce mariage :

Henriette, née à Paris, le 16 juillet 1904, B. le 9 octobre suivant, en l'église de Saint-Joseph, à

Lille, par M. l'abbé Lamstaes, curé, P. M. Maurice
Duflot, de Saint-Amand, M. Mme Ernest Delcourt.

François de Sales, né même ville, le 2 janvier 1905,
B. le 11 juin suivant, en l'église de Brunoy, par
M. l'abbé de Foville, P. M. Camille Cambon,
M. Mme Emile Daire.

Monique-Marie-Jeanne, née à Montpellier, villa
Sainte-Berthe, le 10 janvier 1908, B. le 23 suivant, à
la cathédrale Saint-Pierre, par M. l'abbé Espinasse,
vicaire de cette paroisse, P. M. Etienne Delcourt, oncle,
M. Marie-Jeanne de Foville.

290-46   Jean DESJONQUÈRES-DELCOURT

———◆◀◆▶◆———

DELCOURT, Geneviève-Marie-Jh, décédée au Tréport, le 26 avril 1906.

DELCOURT-DENIN

————×××————

DELCOURT, Pierre-Marie-Joseph-Ignace, né rue de Wazemmes, 145, le 17 février 1878, T. Henri Porchet, et Hector Sentemé, sous-officier retraité, chevalier de la Légion d'honneur,

Marié, Ingénieur des Arts et Manufactures, maître de verreries, à Eu, le 20 avril 1904, T. pour la mariée : M. Eugène Mille, son oncle, et M. Jean Perraud, son cousin germain, à

DENIN, Marie-Louise, née à Oisemont (Somme) le 24 juillet 1883.

La bénédiction nuptiale fut donnée en l'église d'Eu, par M. l'abbé Sellier, curé du Tréport.

De ce mariage :

Yvonne, née à Nesle-Normandienne (Seine-Infé-rieure), le 24 février 1905, B. le 29 avril suivant, en l'église de cette commune, par M. l'abbé Lecoq, curé de Pierrecourt, P. M. Henri Delcourt, M. Mme Félix Denin.

André, né à Lille, le 17 mars 1906, B. le 20, en l'église de la Madeleine, par un vicaire de cette paroisse, P. M. Louis Paquier, M. Mme Paul Féron-Vrau.

Jean, né à Fourmies, le 24 Mars 1907, B. le 26, en l'église de cette commune, par M. l'abbé Masclez, curé, P M. Félix Denin, M. Madame veuve Roquette.

Elisabeth.

Jeanne.

Madeleine.   Élisabeth.

Thérèse.   Marguerite.

Arnould.

Marguerite.   Madeleine.

Georges.   Marie-Thérèse.

Angette.   MAQUET, Georges.

Joseph.   Louis.

Antoinette.   SCALBERT, Louise.

Agnès.

Élisabeth.   Louis.

Louis.   MEURISSE, Julie.

Germaine.

Cecile.   Henri.

Jacques.   VALDELIÉVRE, Jeanne.   Ernest.

Daniel.   Xavier.   ROQUETTE, Jeanne.

Geneviève.   GRESSE, Marguerite.

Alain.   Marie-Joseph.

Ghislaine.

Daniel.   DESJONQUÈRES, Henri,

Simonne.

Suzanne.   Joseph-Marie.   Marie-Adèle.

Bernard.   de FOVILLE, Gabrielle.   THÉRY, Gustave.

Luc.   Geneviève.

Henriette.   DESJONQUÈRES, Jean.

Isabelle.   Pierre.

Gertrude.   DENIN, Marie-Louise.

Henriette.   Jean.

François.   Étienne.

Monique.

Yvonne.   Blanche.

André.

Jean.

MALFAIT, Élisabeth-Eugénie.
DELCOURT, Louis,

292 THÉRY-DELCOURT

—×—

M. et Mme Théry-Delcourt, eurent pour parrain et marraine :

M. G. Théry : M. Jean-Baptiste-François-Joseph Le Clercq, grand-père maternel, et Mme Pélagie-Sophie Falligan, épouse d'Antoine Théry, grand-mère paternelle.

Mme G. Théry : M. Séraphin Malfait, oncle maternel, et Adèle Delcourt, sœur.

La bénédiction nuptiale fut donnée aux époux Théry-Delcourt, par M. l'abbé Malfait, curé de Saint-Maurice-lez-Lille.

> THÉRY, Gustave, avocat, 17, square Dutilleul, bâtonnier de l'ordre en 1881-82, et 1888-89. Président du Conseil de fabrique de l'église Sainte-Catherine, chevalier de l'ordre de Pie IX, commandeur de l'ordre de Saint-Grégoire.

THÉRY, Germaine-Marie-Jh-Pia, décédée square Dutilleul, 17, le 13 juin 1905.

Dans la crypte de N.-D. de la Treille, parmi les inscriptions funéraires de la grande chapelle absidiale, on remarque : Pierre de la famille Gustave Théry.

Le sujet du monument représente la Justice,

sous les traits d'un personnage qui appuie la main droite sur une épée, et qui tient une balance dans la main gauche.

Gustave THÉRY.
Marie DELCOURT.

294 THÉRY-BERNARD

——◦◦◦——

THÉRY, Louis-Antoine-Marie-Joseph, né rue St-André, 25, le 15 janvier 1864, T. Antoine Théry, avocat, aïeul, et Emile Rémy, négociant. Baptisé en l'église Saint-André, par M. l'abbé Malfait, curé de Saint-Maurice-lez-Lille.

Marié à Santes (Nord), le jeudi 5 août 1886. Témoins : pour le mari, Antoine Théry, sénateur, son grand-père, et André Théry son frère ; pour la mariée, Henri Bernard, son grand-oncle et Jules Bernard, son frère, à

BERNARD, Cécile - Marie - Louise - Alexandrine - Adèle, née au château de Santes, le 31 décembre 1866, fille de Paul, fabricant et raffineur de sucre, à Santes, et de Mathilde Roquette. Son parrain fut M. Alexandre Bernard, son oncle paternel, et sa marraine Mme veuve Roquette, née Colombier, sa grand'mère.

La bénédiction nuptiale fut donnée par M. l'abbé Louis Roquette, grand-oncle de la mariée, curé de l'église Saint-François-Xavier, à Paris.

> THÉRY, Louis, avocat, membre de la commission historique du département du Nord, membre correspondant de la société des Antiquaires de France, de la société de Numismatique française, et de la société royale de Numismatique de Belgique, membre de la commission des Musées de Lille.

De leur mariage, les époux Théry-Bernard eurent

treize enfants : nés, Nᵒ 19, square Dutilleul, sauf
Antoine et Henry nés et baptisés à Santes, et les deux
derniers, quai Basse-Deûle, 74 bis :

Antoine-Marie-Joseph-Louis-Nicolas-Ghislain, le
vendredi 26 août 1887, B. à Santes, P. Antoine Théry,
sénateur, arrière-grand-père, M. Mᵐᵉ Louise Colombier, veuve Roquette, arrière-grand'mère.

Louise-Marie-Joseph-Ghislaine, le dimanche 2 décembre 1888, B. le 5 Janvier 1889, à Ste-Catherine,
P. Gustave Théry, grand-père, M. Mathilde Roquette,
veuve Paul Bernard, grand'mère.

Décédée à Santes, le 9 juillet 1889. Inhumée au
cimetière de cette commune.

François-Bonaventure-Joseph-Ghislain, le 27 octobre
1890, B. le lendemain à Ste-Catherine. P. Jules
Bernard, oncle maternel, M. Marie Delcourt, femme
de Gustave Théry, grand'mère paternelle.

Michel-Marie-Joseph-Gustave-Ghislain, le 21 décembre 1891, B. le jour même, paroisse Ste-Catherine,
par M. le doyen, P. Gustave Théry, grand-père paternel,
M. Mathilde Roquette, veuve Paul Bernard, grand'
mère maternelle.

Joseph-Marie-André-Ghislain, le 7 juin 1894, B. le
même jour, paroisse Ste-Catherine, par M. le doyen,
P. André Théry, oncle paternel, M. Germaine Bernard,
épouse de Paul Féron-Vrau, tante maternelle.

Décédé à Malo-les-Bains, le 11 août 1898. Inhumé
à Santes.

Jean-Paul-Ignace-Marie-Joseph-Ghislain, le 31 juillet
1895, B. le même jour, en l'église Ste-Catherine, par

M. le Doyen, P. Paul Théry, oncle paternel, M. Marie Roquette, grand'tante maternelle.

Marie-Louise-Gabrielle-Joseph-Ghislaine, le 5 février 1897, B. le lendemain, en l'église Ste-Catherine, par M. le doyen, P. Dominique Bernard, oncle maternel, M. Gabrielle Théry, tante paternelle.

Décédée à Lille, le 15 août 1899. Inhumée à Santes.

Marie-Joseph-Jeanne-Ghislaine, le 26 janvier 1899, B. le lendemain en l'église Ste-Catherine, par M. le doyen, P. Paul Féron-Vrau, oncle maternel, M. Jeanne Delesalle, épouse de Charles Théry, grand'tante paternelle.

Gabriel-Antoine-Marie-Joseph-Ghislain, le 8 avril 1900, B. le lendemain, par M. le Doyen, en l'église Sainte-Catherine, P. Antoine Théry, son frère, M. Gabrielle Théry, tante paternelle.

Henry-Camille-Ignace-Marie-Joseph-Ghislain, le 28 juillet 1902, B. à Santes, par le R. P. Léon Bernard, jésuite, cousin germain de la mère, P. Camille Bériot, industriel à Lille, oncle maternel, M. Louise Bernard, épouse de Paul Le Blan, tante maternelle.

Elisabeth-Françoise-Marie-Joseph-Ghislaine, le 31 octobre 1903, B. le 3 novembre, à Ste-Catherine, par M. le doyen, P. François Théry, son frère, M. Elisabeth Roquette, veuve de M. Emile Daire, grand'tante maternelle.

Paul-Philibert-Michel-Marie-Joseph-Ghislain, le 11 novembre 1905, B. le lendemain en l'église de la Madeleine, par le R.P. Léon Bernard, P. Michel Théry son frère, M. Germaine Bernard, épouse de Paul Féron-Vrau.

Guillaume-Paul-Marie-Joseph-Ghislain, le 24 septembre 1907, B. le lendemain, en l'église de la Madeleine, par le R. P. Léon Bernard, P. Paul Le Blan, oncle maternel, M. Marie Jacobs, épouse de Dominique Bernard, tante maternelle.

THÉRY-ARNOULD

————×○×————

De leur mariage les époux Théry-Arnould, eurent trois enfants :

Gustave-Antoine-Marie-Joseph, né au domaine de la Croix, à Saint-Charles près Philippeville (Algérie), le 17 janvier 1896, ondoyé par le R. P. Parendel, le lendemain, baptisé à Lille, le 18 juillet même année, en l'église St-André, par M. le doyen Richard, P. Antoine Théry, sénateur inamovible, son arrière-grand-père, M. Mme Emile Arnould, sa grand'mère.

Jacques-Emile-Marie-Joseph, né à Philippeville (Algérie), le 22 novembre 1898, rue de Constantine, N° 3, ondoyé le lendemain, par M. le chanoine Sandraly, baptisé à Malo-les-Bains, au mois d'août suivant, par le curé de la paroisse, P. le colonel Arnould, son grand-père, M. Mme Gustave Théry, sa grand'mère.

Suzanne-Germaine-Marie-Joseph, née même maison, le 14 mars 1900, ondoyée le lendemain par M. le chanoine Sandraly, baptisée en août 1901, à Malo-les-Bains, par le curé de la paroisse, P. M. Gustave Théry, avocat, son grand-père, M. Mme Jules Maurice, sa tante.

292   THÉRY-BRUNO

———•◦•———

THÉRY, Paul-Ernest-Marie-Joseph, né rue Saint-André, 25, le 21 septembre 1867, T. Emile Remy, négociant, cousin, et Louis Delcourt, filateur, oncle.

Marié, agriculteur à Philippeville (Algérie), le 30 mai 1891, T. du marié André Théry, et Laurent Segary, de la mariée : Pierre et Antoine Bruno, à

BRUNO. Joséphine-Charlotte, née à Philippeville, le 17 août 1870, fille de Antoine-Auguste, chevalier de la Légion d'honneur, président-honoraire de la chambre de commerce, et de Germaine Bruyas.

La bénédiction nuptiale fut donnée par le R. P. Parendel.

De ce mariage :

Pierre-Antoine-Marie-Joseph, né à Philippeville, le 7 octobre 1892, décédé le 11 du même mois, ondoyé.

Jeanne-Antoinette-Joséphine-Marie, née à Lille, 17, square Dutilleul, le 4 mars 1894, B. paroisse Sainte-Catherine, P. Antoine Théry, sénateur, son arrière-grand-père paternel, M. Mᵐᵉ Joséphine Chipot, arrière grand'mère maternelle.

Geneviève - Germaine - Marie - Joseph, née même maison, le 5 mai 1895, B. même paroisse, P. Gustave

Théry, avocat, grand-père paternel, M. Mme Germaine Bruyas, grand'mère maternelle.

Pierre-Antoine-Marie-Joseph, né à Malo-les-Bains, le 20 juillet 1898, B. à Malo, P. Antoine Bruno, grand-père maternel, M. Mme Marie Delcourt, grand'mère maternelle.

292-5

DELEPOULLE-THÉRY

————×××————

DELEPOULLE, Paul, fut nommé le 15 novembre 1906, professeur de droit civil à la Faculté de droit de l'Université catholique de Lille.

De leur mariage, les époux Delepoulle-Théry eurent cinq enfants nés rue de Bourgogne, N° 1, et baptisés en l'église Sainte-Catherine.

Marie-Antoinette-Fidéline-Jh, le 28 juillet 1895, B. le même jour, P. M. Antoine-Théodore-Joseph Théry, sénateur inamovible, 23, rue St-André, arrière-grand-père maternel, M. Mᵐᵉ veuve Philippe-Joseph Delepoulle, née Eugènie-Fidéline Van Elslande, demeurant rue des Orphelins, 16, à Tourcoing, arrière-grand-mère paternelle.

Marie-Thérèse-Pauline-Jh, le 15 mars 1903, B. le lendemain, P. M. Paul-Augustin-Joseph Delepoulle, négociant en laines, rue des Urselines, 30, à Tourcoing, grand-père paternel, M. Mᵐᵉ Gustave Théry, née Marie-Adèle-Elisabeth Delcourt, square Dutilleul, 17, grand'mère maternelle.

Agnès-Jules-Marie-Jh, le 10 février 1904, B. le lendemain, P. M. Gustave-Charles-Antoine-Jean-Baptiste Théry, avocat, ancien bâtonnier, chevalier de l'ordre de Pie IX, commandeur de Saint-Grégoire-le-Grand, square Dutilleul, 17, grand-père maternel,

M. Mme Paul Delepoulle, née Julie-Germaine-Marie Jombart, rue des Ursulines, 30, à Tourcoing, grand-mère paternelle.

Germain-Gabriel-Marie-Joseph, le 18 février 1906, B. le même jour, P. M. Joseph-Philippe-Adolphe Delepoulle, négociant en laines, rue des Ursulines, 30, à Tourcoing, oncle paternel, M. Mme Joseph Fauvarque, née Gabrielle-Caroline-Marie-Joseph Théry, square Dutilleul, 19, tante maternelle.

Marie-Paule-Jh-Pia, le 2 octobre 1907, B. le lendemain, P. Paul Théry, négociant en vins, quai de la Tournelle, à Paris, oncle maternel, M. Mlle Marie-Thérèse Delepoulle, rue des Ursulines, 30, à Tourcoing, tante maternelle.

292   THÉRY-GUARY

———✳———

THÉRY, Maurice-Victor-Ignace-Marie-Joseph, né square Jussieu, 17, le 30 juillet 1873, T. Charles Théry, oncle, et Alexandre-Boniface, avocat, baptisé paroisse Ste-Catherine, P. Victor Théry, avocat à Douai, oncle paternel, M. Blanche Roquette, épouse d'Ernest Delcourt, industriel à Lille.

Marié à Paris, le 28 novembre 1901, Témoins du marié : MM. Victor Théry, son oncle et Lot, avoué à Paris, son ami ; de la mariée : MM. Henry et Louis Guary, ses frères, à

GUARY, Jeanne-Marie-Louise-Gabrielle, demeurant à Paris, rue du faubourg St-Honoré, Nº 70, née à Valenciennes, route de Condé, le 17 décembre 1878, baptisée en l'église de St-Nicolas, P. Louis Guary, son frère, M. Mlle Berode, cousine, fille de Henri Guary, directeur-général de la Compagnie des mines d'Anzin, et de Célina Le Clercq.

Le mariage religieux fut célébré en l'église de la Madeleine, à Paris.

De ce mariage :

Marie-Louise-Henriette-Geneviève-Joseph, née à Nanterre, le 8 septembre 1902, baptisée le 10, P. Gustave Théry, grand-père paternel, M. Mme veuve Guary, grand'mère maternelle.

Madeleine-Louise-Henriette, née à Londres, 23, Colville Road, le 19 octobre 1903, ondoyée par Monseigneur Toursel, chapelain de l'ambassade de France, B. à Malo-les-Bains, en août 1904, P. Louis Guary, oncle maternel, M. Mme Gustave Théry, grand'-mère paternelle.

Marguerite-Marie-Louise-Hortense, née à Paris, rue de Ponthieu, N° 1, le 28 novembre 1904, B. en l'église Saint-Philippe-du-Roule, P. M. Berode, cousin, M. Mme Gaston Dunod, née Guary, tante maternelle.

FAUVARQUE-THÉRY

—⋇—

THÉRY, Gabrielle-Caroline-Marie-Jh, née square Jussieu, 17, le 24 mai 1878, B. paroisse Ste-Catherine, P. Louis Théry-Bernard, son frère, M. Mme Edmond Théry, née Caroline Locoge, sa tante paternelle.

Mariée paroisse Ste-Catherine, le mercredi 8 juin 1904, T. de la mariée : Louis et André Théry, ses frères, du marié : Louis Picavet et Gervais Fauvarque, ses oncles, à

FAUVARQUE, Joseph-Louis-Jules, agent général d'assurances, né à Lille, le 13 avril 1878, B. paroisse St-Sauveur, P. Jules Fauvarque, industriel à Roubaix, M. Mme Louis Picavet, née E. Fays, ses oncle et tante ; fils de Louis-Gervais, propriétaire à Lille, et de Marie Picavet.

De ce mariage :

Louis-Marie-Joseph-Ghislain, né le 1er juin 1905, square Dutilleul, N° 19, B. paroisse Ste-Catherine, P. Louis Fauvarque-Picavet, son grand-père, M. Mme Gustave Théry, sa grand-mère maternelle.

Marie-Joseph-Gabrielle-Ghislaine, née même maison, le 15 juillet 1906, B. même paroisse, P. M. Gustave Théry-Delcourt, son grand-père, M Mme Louis Fauvarque-Picavet, sa grand'mère.

Antoine.

Louise.

François.

Michel.

Joseph.

Jean-Paul.

Marie-Louise.   Louis.

Marie-Joseph.   BERNARD.

Gabriel.

Henry.   André.   Louis.

Élisabeth.   ARNOULD.   MEURISSE, Julie.

Paul.

Guillaume.   Paul.

Gustave.   BRUNO.

Jacques.   Ernest.

Suzanne.   Marie-Antoinette.   ROQUETTE, Jeanne.

Pierre-Antoine.   DELEPOULLE, Paul.

Jeanne.

Geneviève.   Maurice.   Marie-Adèle.

Pierre-Antoine.   GUARY.   THERY, Gustave.

Marie-Antoinette.

Marie-Thérèse,   Germaine.

Agnès.

Germain.   Gabrielle.

Marie-Paule.   FAUVARQUE.

Marie-Louise.

Madeleine.

Marguerite.

Louis-Marie.

Marie-Joseph.

MALFAIT, Élisabeth-Eugénie.

DELCOURT, Louis.

284 # MALFAIT-SMET

—————•×•|•—————

Ainsi qu'on a pu le voir page 284 de la généalogie Crepy, Séraphin Malfait épousa le 18 brumaire an XI (9 novembre 1802) Marie Smet. Leur contrat de mariage fut passé, le même jour, pardevant A. A. J. Lefebvre et Couvreur, notaires publics du département du Nord, résidant à Lille. On y lit ce qui suit :

« Furent présents : le citoyen Séraphin-Lambert-Louis Malfait, fils majeur de Nicolas-Séraphin-Joseph Malfait, négociant audit Lille, et de dame Marie-Louise-Joseph Leroy, d'eux assisté, et de Lambert-Joseph Malfait, son oncle, d'Eugène-François-Joseph Bulteau, son cousin germain allié, et de dame Eulalie-Sophie-Séraphine-Joseph Malfait, épouse de ce dernier, sa cousine germaine, d'une part.

» Mlle Marie-Pélagie-Françoise-Joseph Smet, fille majeure de Jean-Baptiste-Joseph Smet, négociant audit Lille, et de dame Marie-Antoinette-Françoise-Joseph Walop, d'eux assistée, et de Mlle Marie-Pélagie-Joseph Walop, sa tante maternelle, de François-Joseph, et Lambert-Joseph Smet, ses oncles paternels, et de dame Philippine-Joseph Smet, veuve de Pierre-Joseph Carlier, sa tante paternelle, de Jean-Baptiste Bernard-Deleruyelle, son oncle allié paternel, et de dame Marie-Joseph Smet, épouse de ce dernier, sa tante paternelle, de Mlles Marie-Eugénie-Joseph, Marie-Antoinette-Joseph, et Marie-Lucie-Joseph Smet, ses sœurs, de Henry-Constant-Jean-Baptiste d'Haubersart, son cousin, et de dame Louise-Florence Cotteau, épouse de ce dernier, sa cousine alliée, d'autre part.

MALFAIT : Armes : D.... au chevron alaisé d.... accompagné de 3 trèfles d...

Ces armoiries ont été relevées dans l'église de Lannoy, sur la pierre tombale de Paul Malfait, échevin de cette ville, décédé en 1765.

M. Séraphin Malfait-Smet, habitait rue des Fossés,
29, une très grande maison où se trouve actuellement
le bureau de bienfaisance. C'était un amateur d'art et
de musique. Il possédait une bibliothèque considérable,
une très belle galerie de tableaux, et une importante
collection d'objets d'art et de curiosité.

Les tableaux furent vendus à Paris, à l'hôtel Drouot,
le 19 décembre 1864, et la riche collection d'objets
d'art et de curiosités, le 20 janvier 1865.

Pendant le siège de Lille de 1792, Mme Malfait-Leroy,
mère de Séraphin Malfait, était restée chez elle, mais
son mari était absent, et se trouvait à Dunkerque, sans
doute en raison de son négoce. Le 7 octobre, elle lui
écrivait la lettre suivante que nous nous faisons un
devoir de reproduire in extenso, en raison des souvenirs
qu'elle évoque.

A Monsieur Malfait chez M. Heruÿn-Delbaert,
négociant à Dunkerque.

Lille, le 7 octobre 1792.

MON CHER AMY,

Je commence un peu à respirer et j'espère que cela aura bonne suite.
Les Autrichiens se sont retirés de notre ville hier vers les 11 heures, et
nous voilà débarrassés des coups de canon ; Dieu veuille qu'il ne nous
survienne pas d'autre affliction ; pour moi, je crois que je vais seulement
me ressentir de toutes les révolutions et saisissements que j'ai éprouvés
depuis huit jours. Bénissons bien le Tout Puissant de nous avoir conservés ;
il y a une infinité de personnes qui ont été victimes, et dans différents
quartiers, notre ville offre un spectacle affreux. Je ne vous avais fait
jusqu'à présent aucune mention de cela pour ne pas augmenter vos
inquiétudes. L'église de St-Etienne il n'en reste presque pas de vestige.
M. Aug. Lacher et M. Roeland notre voisin, ont leur maison brûlée, les
rues de Poids, du Croquet et d'autres sur St-Sauveur sont détruites. L'on

ne peut penser à tout cela sans une profonde douleur ; je vous répète qu'après la grâce de Dieu, ce sont les grands soins et exacte surveillance qui nous ont sauvés. Je n'oublierai de la vie les obligations que j'ai à Delannoy : ce pauvre homme a été aussi volé de ce qu'il avait été obligé de laisser à la campagne qui tient encore sur pied, mais dans laquelle il reste les 4 murs. Vous sçavez que j'avais fait heureusement démeubler, mais les boiseries et la tapisserie du salon ont été prises et détruites par des Brabançons qui sont passés au faubourg. Je ne devais pas m'attendre à cela car un de leurs chefs s'était placé dans la campagne et avait promis de la surveiller, mais croyez-moi, ne vous faites pas de peine de cela, ce n'est rien en comparaison de ce que nous pouvions perdre. Je suis assez contente à présent d'être restée chez moi, mais j'apprends à tout instant que depuis le 30 septembre jusqu'au 2 octobre, presque toutes les femmes étaient sorties de la ville ; il me faudra plus de 15 jours avant d'avoir le sang rassis dans mes veines, heureuse encore s'il ne vient pas de nouveaux chagrins me troubler ; nous avons été visités par une douzaine de boulets rouges. Chaque fois qu'ils venaient, il semblait que la maison s'écrasait, et cela me portait des coups mortels : le feu s'est aussi manifesté une fois au toit, mais le zèle, l'activité, les soins de Delannoy nous ont préservés : il était unique aussi de voir la sollicitude de tout le voisinage pour se conserver réciproquement. Rendons un million d'actions de grâce à Dieu et n'oublions pas de le bénir tous les instants de notre vie ; je ne manquerai pas de vous mander chaque jour comment les choses se passeront, et tâchez de vous tranquiliser et vous bien porter, tous nos gens ont été curieux de sortir hier ; j'ai fait informer pour les dommages qui auraient pu exister dans nos différentes maisons, d'après le rapport qu'ils m'en ont fait, il n'y a presque rien.

Je suis avec la plus vive affection

F. S. MALFAIT.

M. Stanislas Mourcou possède un très bon portrait de Séraphin Malfait, peint à Malines, le 12 novembre 1798, par Jean-Louis Suelens. Il est représenté en artiste, assis près d'une fenêtre occupé à dessiner. On remarque sur la table un petit chevalet avec un dessin et une clarinette ; sur un meuble, un violon et un morceau de musique.

M Malfait-Leroy fut incarcéré le 28 février 1794,

dans la maison d'arrêt de charité, située rue de Béthune, derrière la sienne, et en sortit le 10 juillet suivant. Un tableau de Watteau fils, daté du 24 mars 1795, le représente à la fenêtre de la chambre de sa prison, et sa femme et son fils, à la fenêtre d'une chambre de sa maison, rue des Fossés, 29.

Dans la crypte de N. D. de la Treille, parmi les inscriptions funéraires de la chapelle Saint-Etienne, on remarque : Pierre de la famille Malfait-Smet.

Le sujet du monument représente l'Election de Saint-Etienne, sur cette pierre sont gravés les noms de :

Séraphin MALFAIT.

Marie SMET.

Et ceux d'un grand nombre de leurs enfants et descendants.

285

L'Abbé MALFAIT, Firmin

———×⋈×———

Ainsi qu'on a pu le voir, page 285 de la généalogie Crepy, l'abbé Firmin Malfait, était, au moment de sa mort, curé de St-Maurice-des-Champs.

Il avait été successivement : Vicaire d'Esquermes, curé de Lys, aumônier du Bon Pasteur, curé de Flers, et enfin de St-Maurice-lez-Lille.

Il était né à Lille, rue des Fossés, le 7 mai 1810, à minuit, et eut pour parrain M. Henri-Edouard-Joseph Smet, oncle maternel, et pour marraine Marie-Louise Cotteau, cousine, épouse de M. Henri-Constant-Jean-Baptiste, d'Haubersart, président du tribunal de 1re instance de Lille.

Notes extraites de la monographie de St-Maurice-des-Champs, par le chanoine Delerue, année 1904. Lille, Lefebvre-Ducrocq :

Au commencement de Février 1860, Mgr Régnier nomma, comme premier curé de St-Maurice, M. Firmin Malfait, à cette époque curé de Flers-lez-Lille. Ce choix était des plus heureux. M. Malfait était Lillois par sa naissance. Il n'arrivait donc pas comme un inconnu, c'était un compatriote, c'était un ami. Il était petit de taille mais, chacun le savait, grand de cœur, riche et généreux, très noble et très pieux ; c'était un saint prêtre ! Aussi le jour de son arrivée, 21 février 1860, fut pour tous, à Saint-Maurice, un beau jour de fête.

M. Lecomte, doyen de St-Maurice, installa solennellement le nouveau pasteur, que chacun regardait déjà comme l'ange de la Providence, comme une douce récompense des sacrifices qu'on s'était imposés. M. Malfait alors monta en chaire. « Il remercie ses nouveaux paroissiens, dit le compte-rendu que nous avons sous les yeux, de l'empressement qu'ils mettaient à le recevoir et exprima, en peu de paroles, les sentiments de dévouement dont son cœur était rempli pour tous ceux qu'il était, désormais, appelé à diriger. »

Après la cérémonie religieuse, M. Malfait fut conduit processionnellement, non point au presbytère, il n'y en avait pas, mais à la demeure de M. Bachy. C'est là que les personnes notables de la paroisse vinrent en grand nombre le saluer. Une scène bien touchante se passa alors, qui émut vivement ceux qui en furent témoins.

M. Crespel, maire de Flers, accompagné de tout son conseil municipal, présente à M. Malfait ses hommages respectueux et ses meilleurs souhaits, mais, en même temps, il lui dit, au nom de tous ses administrés, combien Flers regrettait d'avoir perdu un tel pasteur, et il le pria d'accepter, en témoignage d'affection et de reconnaissance, une médaille d'or et un missel.

Dans la paroisse on sut vite ce qui venait de se passer, et, de plus en plus, on eut pour l'avenir de grandes espérances.

Parce que M. Malfait aimait beaucoup son Dieu, il aimait beaucoup son prochain et, tout spécialement, ce qui était dans l'ordre, ses paroissiens. Au point de vue spirituel, il le leur prouva par son zèle apostolique et son dévouement sans borne ; il le leur prouva, au point de vue temporel, par d'abondantes aumônes et d'admirables fondations. J'ai dit des aumônes : qui a pu les compter, sinon Dieu ? Sans doute il était riche, mais plus généreux encore, et c'est parce qu'il donnait et bien et largement, qu'aucun pauvre, si envieux qu'il pût être, ne lui a fait un crime de sa fortune. Quant à ses fondations, elles sont restées ici le patrimoine de ceux qui n'en ont pas, un témoignage éternel de la bonté de son cœur. Il fonde un dispensaire, un ouvroir, un orphelinat.

Grande avait été la joie de la paroisse à l'arrivée de M. Malfait. Depuis ce jour-là on l'avait vu à l'œuvre, et les grands et les petits, et les riches et les pauvres avaient trouvé en lui un père, un ami, un confident, un modèle, un bienfaiteur ; qu'on juge alors combien à son décès la tristesse dût être grande !

Par testament olographe, M. Malfait laissa à la fabrique de St-Maurice, un terrain acheté par lui au prix de 13.300 francs, terrain qu'il destinait à l'agrandissement de l'église. Un décret, signé le 10 avril 1875, en autorisa l'acceptation. Il laissait de plus à l'église ses ornements sacrés et sa chapelle en vermeil, à la cure toute sa bibliothèque.

M. Bernot, président de la fabrique, a encore fait l'éloge suivant de M. Malfait : « Modèle de vertus sacerdotales, il a creusé les premiers sillons, ouvert les voies au bien en jetant les fondements de l'entreprise dans les cœurs par l'onction de son ardente charité, dans les œuvres paroissiales par sa munificence. Son souvenir, qui se lit sur toutes les pierres de nos édifices religieux et hospitaliers, est gravé plus profondément dans nos cœurs, et nous aimons à nous le figurer veillant encore dans la gloire céleste sur les destinées de cette paroisse qu'il a fondée et intercédant pour sa prospérité. »

Comme témoignage d'affectueux souvenir, l'inscription suivante a été gravée sur le marbre :

A LA MÉMOIRE DE MAITRE FIRMIN MALFAIT,

PREMIER CURÉ DE CETTE PAROISSE,

INSTALLÉ LE 21 FÉVRIER 1860.

DÉCÉDÉ LE 28 JUIN 1874.

IMAGE DU BON PASTEUR, IL AVAIT LE SECRET

DE SE FAIRE AIMER.

IL AIMAIT.

LA PAROISSE RECONNAISSANTE PRIE POUR LUI.

Cette inscription se trouve dans le couloir qui conduit de l'église à la sacristie.

Semaine Religieuse du Diocèse de Cambrai, 11 Juillet 1874.

NOTICE NÉCROLOGIQUE.

La paroisse du Faubourg Saint-Maurice a perdu son pasteur vénéré et bien aimé, M. le curé F. Malfait. Ce malheur, bien que prévu, a été vivement senti, et le deuil qui s'est manifesté si spontanément à ses funérailles, était encore plus au fond des cœurs. Les uns perdaient un bienfaiteur, un conseiller bienveillant et charitable; les autres un ami dévoué; tous regrettaient le saint prêtre qui était au milieu d'eux comme un bon père, et que chacun aimait parce que chacun savait être aimé de lui.

L'histoire de sa vie se résume en quelques mots : il fut partout et toujours ce qu'il devait être, c'est l'éloge des saints. Partout où il a passé, il n'a laissé que des souvenirs aimables et édifiants. Elevé au sein d'une famille éminemment chrétienne, formé dès l'enfance aux fermes croyances et aux saintes pratiques par un père qui exerçait un véritable apostolat au milieu de ses enfants, dont trois, à l'exemple de plusieurs de leurs parents, du côté paternel comme du côté maternel, ont embrassé la vie religieuse, M. Malfait se montra fidèle aux grâces de prédilection qu'il avait reçues tant au collège de Lille, alors dirigé par M. l'abbé Rohart, ancien bénéficier de l'insigne collégiale Saint-Pierre, qu'à Saint-Acheul, où sa piété l'avait fait nommer président de la congrégation des Saints-Anges, et à Boulogne, dans la pieuse institution de M. l'abbé Haffreingue. Sa jeunesse aussi pieuse que pure fut un acheminement direct au saint ministère où il s'appliqua constamment à l'exercice des vertus sacerdotales. A l'exemple de son divin modèle, il a passé en faisant le bien, montrant partout tant de charité, de douceur, de simplicité et d'humilité, que ces vertus semblaient une émanation naturelle de son cœur si droit,

5

si bon et si aimant. On peut dire que cette âme sainte était constamment tournée vers Dieu comme un miroir fidèle pour en refléter les attributs de sainteté et de miséricorde. Quelle vie pure et sainte ! Quelle fidélité à la prière, et quelle prière ardente dans le sanctuaire ! Quelle mansuétude et quelle charité au dehors !

Sous les voiles d'une simplicité et d'une modestie extrêmes, se révélaient en lui les caractères auxquels on reconnaît les saints, les amis de Dieu. Son ministère a été des plus féconds à Esquermes, où son souvenir est resté cher aux anciennes élèves du pensionnat qui l'ont entendu et apprécié ; à Flers, où son zèle allait au devant des besoins d'une paroisse étendue et disséminée ; à St-Maurice, où tout était à faire quand il y fut envoyé. Sa parole était des plus aimées ; car à l'admirable bon sens et à la rectitude d'esprit qui le distinguaient, il ajoutait ce charme indéfinissable qui porte au bien et qu'on pourrait appeler l'onction des saints. En l'écoutant, on oubliait les accents de la parole pour ne sentir que l'élan de l'exhortation. Il s'oubliait, ne songeant qu'à son but, et l'on était doucement entraîné à sa suite.

Il recommandait souvent la prière, car il en connaissait l'heureuse efficacité. Il priait sans cesse ; la prière était comme l'état permanent de son âme. Il savait que tout est promis à la prière, et disait souvent que Dieu ne déconcerte les desseins des ambitieux et des incapables qui conduisent la société à sa perte, que pour encourager les âmes simples et fidèles à l'implorer avec confiance. « C'est par elles, disait-il, que la justice divine sera apaisée et que seront conjurés les châtiments réservés aux scandales du siècle. »

Ses longues souffrances n'avaient provoqué de sa part que des actes de patience et de résignation. Dieu lui avait laissé cette consolation de pouvoir s'acquitter, quoique péniblement, des devoirs du saint ministère. Toutefois, sentant sa fin approcher, il avait demandé à être relevé des fonctions auxquelles ses forces ne suffisaient plus, et à l'heure même où il recevait la dépêche lui annonçant qu'un successeur allait lui être donné, il quittait la terre. Le bon Maître lui épargnait la triste pensée de se croire désormais un serviteur inutile. Et ce digne et saint prêtre passait sans transition, presque sans souffrance, du sanctuaire à l'éternité. Il se présentait devant Dieu appuyé sur l'autel. Le jour de sa mort, on l'avait vu siéger au tribunal de la pénitence, offrir le saint Sacrifice, et annoncer la parole divine. Il a pu dire : Aujourd'hui Seigneur, j'ai pardonné en votre nom, pardonnez-moi ; j'ai offert l'holocauste de la rédemption pour moi et ceux que vous m'avez confiés, recevez-moi en propitiation ; j'ai publié vos ordonnances et pressé les fidèles de les garder, ne soyez pas pour votre serviteur un juge sévère. »

Non, Dieu n'oubliera pas celui qui s'oubliait lui-même pour son service. Ne consultant que son zèle, il prêcha trois fois dans la matinée. Il savait qu'il s'adressait pour la dernière fois à sa famille spirituelle, qu'il allait quitter ce champ arrosé de ses sueurs depuis quinze ans, sa chère paroisse enrichie des dons magnifiques dûs à une fortune dont il faisait un si saint usage, dotée de fondations charitables qui rendront sa mémoire à jamais bénie des malheureux. Et pourtant il n'a pas dit un mot qui pût sembler un retour d'attendrissement sur lui-même. Prêtre jusqu'à la fin, il a convié ses paroissiens au prochain pèlerinage, à l'adoration perpétuelle, aux premières vêpres des saints apôtres Pierre et Paul. La fermeté de la foi maintenait dans les régions élevées du devoir cette âme si tendre, ce cœur si sensible, ce corps affaibli. Dès l'après-midi, il s'en allait au pèlerinage de l'éternité, à l'adoration éternelle et célébrer au ciel, avec l'Eglise triomphante, la fête des saints Apôtres.

« Quelle admirable fin ! s'écriait-on de toutes parts. — Notre bon curé est allé droit au paradis. — Dieu l'a pris sous les armes. — Il lui a épargné les douleurs de l'agonie. — Il est vraiment traité avec prédilection, c'est un saint. — Il est de ceux pour qui l'on prie aujourd'hui et que l'on invoque demain. »

M. le doyen de St-Maurice qui présidait à la cérémonie funèbre, a excellemment traduit le sentiment général quand il a dit à l'assistance :

« Vous vous étonneriez, M. F., si je ne vous disais, ne fût-ce qu'un mot, du digne prêtre qui vient de nous quitter. Pourtant, il n'est pas nécessaire qu'un autre parle, quand il parle encore lui-même par le souvenir de ses vertus et de ses œuvres, qui parleront toujours de lui. Qui jamais oubliera cette bonté, cette affabilité, cette douceur, ce zèle, ce dévouement, cette charité ? Qui, au souvenir des rapports qu'il a pu avoir avec lui, ne se sent pas encore le cœur comme parfumé de tant d'aimables vertus ? La paroisse a perdu un père, l'Eglise un saint prêtre, et nous, ses confrères, un bon et véritable ami. Mais consolons-nous, le ciel a gagné un élu. Car telle a été cette vie qu'on ne sait pas se mettre à croire que Dieu ne l'ait pas déjà récompensée, et que l'on se demande quelle sorte de prières il faut dire.

» Toutefois prions, M. F., ces prières nous seront toujours utiles à nous : car en voyant ces bonnes volontés pour lui, son bon cœur s'épanchera dans le cœur de Dieu pour nous obtenir des grâces et des bénédictions durant la vie, et surtout la grande grâce d'aller un jour le rejoindre. »

293   MALFAIT-DESURMONT

—⚬✕⚬—

DESURMONT, Céline-Jeanne-Alexandrine, décédée le 7 janvier 1898 à Tourcoing.

MALFAIT, Louis-Firmin-Marie-Joseph, décédé le 4 février 1899, à Tourcoing, rue de Gand, 29, membre du Conseil des prud'hommes.

DESURMONT, armes : de sable à la face bretessée et contre-bretessée d'argent.

293 # MALFAIT-DUQUENNOY

———×◦×———

MALFAIT, Arsène-Louis-Paul-Marie-Joseph, né à Tourcoing, le 8 février 1856.

Marié en cette ville, y demeurant, rue de Gand, 25, le 17 février 1886, T. du marié : Louis Malfait, filateur, demeurant même maison, et Gustave Mourcou, rentier, demeurant à Lille, rue de Thionville, 32 ; de la mariée : Anselme Dewavrin, négociant, rue de Roubaix, à Tourcoing, et François Leplat-Dewavrin, fabricant, rue de Lille, à Roubaix, à

DUQUENNOY, Antonie-Marie-Joseph, née à Tourcoing, le 6 août 1866, y demeurant, rue de Gand, 14, fille d'Adelphie, et d'Antonie Dewavrin.

La bénédiction nuptiale fut donnée, le même jour, en l'église Notre-Dame, par M. l'abbé Delepoulle, vicaire à Merville, cousin du marié.

De ce mariage, quatre enfants nés à Tourcoing.

Antonie-Céline-Marie-Joseph, mariée à Masurel, Joseph, qui suit :

Louis-Augustin-Marie-Joseph, le 8 juin 1888, rue Verte-Feuille, N° 4, B. le même jour en l'église Saint-Christophe, P. Louis Malfait, filateur, rue de Gand, N° 25, son oncle, M. Augustine Duquennoy, rue des Anges, 11, sa tante.

Marie-Thérèse-Romaine-Joseph, le 15 juillet 1892, même maison, B. le lendemain, même paroisse, P. Romain Duquennoy, rue Chanzy, 6, à Tourcoing, son oncle, M. Maria Malfait, rue de Gand, 29, à Tourcoing, sa tante.

Jean-Pierre-Marie-Joseph, jumeau de la précédente, ne et baptisé comme dessus, P. Pierre Motte, notaire à Lille, rue de l'Hôpital-Militaire, 37, son oncle, M. Marie Malfait, rue de Gand, 29, à Tourcoing, sa tante.

MASUREL-MALFAIT

293

—•—

MALFAIT, Antonie-Céline-Marie-Joseph, née à Tourcoing, rue de Gand, 26, le 14 mars 1887, B. le même jour, en l'église Notre-Dame, P. M. Adelphie Duquennoy, son grand-père, M. Mme Malfait-Desurmont, sa grand'mère.

Mariée à Tourcoing, le 27 novembre 1907. T. du marié : Félix Masurel-Leurent, industriel à Tourcoing, son frère, et Joseph Toulemonde-Masurel, négociant à Tourcoing, son beau-frère ; de la mariée : Romain Duquennoy, négociant, et Paul Duquennoy, docteur en médecine, même ville, ses oncles, à

MASUREL, Joseph, né à Tourcoing, le 13 janvier 1885, B. le lendemain, paroisse Notre-Dame, P. M. Louis Thiberghien-Motte, M. Mlle Marie Masurel, mariée depuis à M. Romain Duquennoy, fils de Félix et de Céline Tiberghien, demeurant à Tourcoing, rue de Lille, 135.

La bénédiction nuptiale fut donnée, en l'église Notre-Dame, par M. l'abbé Delepoulle, cousin des mariés, qui leur adressa une touchante allocution.

La quête fut faite pour les écoles catholiques par M. Louis Malfait, frère de la mariée.

Pendant la cérémonie M. Rosoor, violoncelliste,

1er prix du Conservatoire de Paris, exécuta plusieurs morceaux avec grand talent, et M. Wuibaut, professeur, chanta, avec beaucoup de goût l'Ave Maria de Gounod et le Salutaris de Samuel Rousseau.

L'orgue était tenu par M. Camus, organiste de la paroisse.

294-78

MOURCOU-MALFAIT

——◄×►——

Armes : d'argent à trois Mûres de pourpre, tigées et feuillées de Sinople. Timbre : Couronne de Comte, supports : deux lévriers ; Devise : E virtute fama.

Le chevalier Nicolas-Joseph Mourcou, conseiller de S. M. Louis XV, officier au bureau des Finances et Domaines de la Généralité de Lille, était le trisaïeul de Gustave Mourcou-Malfait.

Extrait de l'*Histoire du Décanat de la Madeleine* de Lille (1229-1892). par l'abbé Desmarchelier, vicaire de la Madeleine.

ÉLOGE DE M. Gustave MOURCOU.

« En 1840, M. Gustave Mourcou s'alliait à une des plus honorables familles de Lille, par son mariage avec Mlle Sylvie Malfait, femme d'une piété remarquable.

» Pendant les premières années de ce mariage, il demeura sur la paroisse St-Maurice et y fut nommé Marguillier, Pauvriseur de cette paroisse, et Inspecteur du travail des Enfants dans les manufactures ; il apporta dans ces différentes fonctions ces admirables qualités de bienveillance, d'exactitude et de modestie, si appréciées de ceux dont il fut le collaborateur éclairé. Son œuvre de prédilection fut la Société de Saint-François-Régis, dont le but est de procurer, sans frais, aux indigents, les pièces nécessaires à leur mariage, et de leur éviter ainsi des formalités multiples et coûteuses. Cette institution charitable, fondée par son frère. M. Jules Mourcou, l'âme de toutes les bonnes œuvres, trouva en lui, un propagateur ardent, que ne rebutèrent jamais les difficultés.

» M. Gustave Mourcou contribua également de tout son pouvoir à la restauration de l'antique basilique de St-Pierre, dont il eût été heureux de voir l'achèvement avant de mourir.

» Vers la fin de l'année 1858, il se fixa sur la paroisse de La Madeleine, où il ne tarda pas à être reçu membre du Conseil de Fabrique. Pieusement attaché, désormais, à cette nouvelle paroisse, il lui consacra ce continuel dévouement qui le fit tant regretter par celle qui l'avait perdu. Qui ne se rappelle ses vertus aimables, son amour intelligent du pauvre dont il a secouru les douleurs morales et physiques avec cette charité que la foi seule peut inspirer. Que de personnes n'a-t-il pas édifiées par sa présence assidue, persévérante aux offices, par sa grande dévotion au très Saint-Sacrement ? Sa piété simple et profonde se manifesta jusqu'à son dernier jour.

» Le 12 Mai 1887, M. Mourcou avait encore assisté au salut du mois de Marie. Ce fut le dernier hommage public de sa piété filiale envers la très Sainte Vierge. Le lendemain matin, Dieu rappelait à lui son fidèle serviteur. »

Extrait de l'*Archiconfrérie des Mères chrétiennes*, association de Lille, année 1877, de l'imprimerie Ducoulombier, à Lille.

ÉLOGE DE MADAME MOURCOU - MALFAIT.

J'emprunte à la circulaire des Enfants de Marie, les lignes suivantes sur Mme Mourcou.

» Elle avait déjà donné un fils à Saint-Ignace, quand Dieu lui demanda encore une fille pour la fondatrice des Auxiliatrices du Purgatoire, sa parente. Au moment du départ de cette dernière, une amie dévouée proposa de conduire la jeune postulante : « Non, répondit sa généreuse mère, il semblerait qu'on m'arrache mon enfant, je veux l'offrir moi-même à Dieu. »

» Tous ceux qui approchaient Mme Mourcou voyaient se déverser sur eux des trésors inépuisables de bonté, et ce n'était pas seulement l'effet d'une nature bienveillante, c'était un écoulement de la charité de Jésus-Christ auquel elle s'unissait chaque jour. Ainsi elle ne bornait pas son zèle à ses proches et aux pauvres dont elle savait si bien découvrir et soulager les misères cachées ; était-elle en contact renouvelé avec une même personne, elle lui témoignait un affectueux intérêt, gagnait sa confiance, et ne la perdait plus de vue. A l'heure de l'épreuve elle la consolait et parvenait toujours à lui faire quelque bien. Elle désirait avec la même ardeur la conversion des pécheurs qui lui étaient inconnus. « Peut-être, disait-elle, personne ne s'intéresse-t-il à ces pauvres âmes ? »

» Un accident venait-il à faire des victimes, la même préoccupation enflammait son bon zèle, et toujours c'était à l'offrande du Saint Sacrifice qu'elle recourait, comme à l'intercession suprême en faveur des pécheurs et des âmes du Purgatoire. Le nombre des messes qu'elle fit célébrer est incalculable.

» Sur la fin de sa vie, elle avait trouvé un nouvel aliment à son esprit de sacrifice dans l'association des Victimes du Cœur de Jésus. Non seulement elle accepta la mort par avance, mais elle poussa l'héroïsme jusqu'à signer cette offrande : « Moi qui ne suis qu'une pécheresse, je désire rester en purgatoire tant qu'il s'y trouvera une âme dont l'entrée au Ciel procurera plus de gloire à Dieu que la mienne. »

« Rien ne faisait encore présager sa fin ; mais elle était mûre pour le ciel. Le 19 Mars, elle quitta l'autel de Saint-Joseph pour faire le chemin de la Croix, reçut l'absolution générale des Tertiaires de Saint-François, rentra chez elle et fit, suivant sa pieuse coutume, la prière du soir en commun, sans se douter que le lendemain matin, au lieu d'aller recevoir Notre-Seigneur, elle serait reçue par lui.

296 COPPIN-VAN DE WYNCKELE

———*⚬*———

VAN DE WYNCKELE, Adèle-Marie-Joséphine, née
à Comines, rue des Hirondelles, le 26 avril 1874, B.
dans l'église Ste-Chrysole, le 28, P. M. Gustave
Mourcou, aïeul, M. Mme Le Mahieu-Bonnetty, bisaïeule.

Mariée à Comines, le 24 septembre 1895, T. du
marié : MM. Paul et Ernest Coppin, ses frères ; de la
mariée : M. Maurice Mourcou, son oncle, et M. Auguste
Van de Wynckele, son grand-oncle, à

COPPIN, Albert-Charles-Hector, docteur en droit,
ancien avoué à Douai, y demeurant, né en cette ville,
le 7 mars 1858, fils de Jules-Hector, et de Charlotte-
Albertine-Romaine Eraux, propriétaires à Douai.

M. Lauwick, maire de Comines, adressa aux jeunes
époux l'allocution suivante :

MONSIEUR, MADAME,

« J'aime à vous dire, en ce moment, dans quelle cordiale intimité je
partage en ami la joie qui déborde de vos âmes, et qui rayonne au front
de vos parents bien-aimés. Il m'est bien doux, par l'heureux privilège des
fonctions que je viens de remplir devant vous, de vous adresser mes
félicitations les plus sympathiques, mes vœux profondément sentis d'im-
mortel et parfait bonheur. Et sans être prophète, je vois dans l'avenir, ces
vœux réalisés pour votre plus douce félicité.

» Oui vous serez heureux, cher Monsieur, avec la joie que vous apporte
à jamais votre aimable compagne. Dieu vous donne la récompense qu'il
réserve aux vaillants champions de toutes les nobles causes, aux preux

qui sont toujours sans peur, parce qu'ils sont toujours sans reproche. Il est beau, il est grand, le jeune homme épris de l'idéal du dévouement ; il est beau, il est grand surtout en nos temps d'égoïsme sans élan et sans force. Cette beauté, Monsieur, avec quelle allégresse consolante je la vois resplendir en vous ! Je le sais, vous avez confié à la garde de la plus admirable modestie, tout ce que Dieu vous a donné de brillant, de solide, du côté de l'intelligence, tous les dons d'un cœur généreux et aimable, qui vous ont été répartis dans une riche mesure. Mais l'écho de vos vertus, de vos œuvres, est parvenu jusqu'à nous ; aussi ce fut une vraie jubilation pour tous les amis de la famille Van de Wynckele-Mourcou, de sourire à l'union de Mademoiselle Adèle avec une famille que rehausse, plus encore que les faveurs de la fortune, l'éclat d'un beau nom, que distingue, entre toutes, un passé d'honneur et de foi, un passé qui a pour lui les promesses de l'avenir.

» Mademoiselle, tel est l'époux auquel vous avez voulu vous attacher avec toute la tendresse de votre âme délicate et si bonne. A celui que vous avez joyeusement choisi pour être un autre vous-même, vous offrez une couronne de jeunesse, de vertus qui feront la joie du foyer que vous fondez aujourd'hui. Vous y porterez les rayons de bonheur qui vous ont illuminée sans cesse dans le sanctuaire de la famille, où votre cœur s'était doublé d'affection, de suave piété filiale, pour rendre amour pour amour à ces vénérés parents qui semblent aujourd'hui vous redire avec le poète : « Va, ma fille, sois son trésor comme tu fus le nôtre, sors avec une larme, entre avec un sourire ». Mademoiselle, vous entrez aussi avec les touchants exemples de ceux qui ont été et qui seront vos modèles, comme ils sont les modèles édifiants de notre petite ville de Comines.

» Vous entrez aussi avec vos habitudes de vie sérieusement chrétienne, de franche gaîté, d'indicible charité qui ne goûte le bonheur qu'en faisant le bonheur d'autrui.

» Oh ! Comme toutes ces qualités se marieront harmonieusement avec les trésors dont le Ciel a comblé votre époux ! Animés tous deux des plus nobles sentiments, vous serez les enviés de ceux qui vous entourent ; de toutes parts on viendra s'éclairer à la lumière de vos conseils, s'instruire à la leçon si efficace de vos exemples.

» Dieu lui-même vous destine le bonheur qu'il réserve à ses privilégiés ; ce bonheur inaltérable nous allons avec vous le demander dans un instant au pied des autels au Tout Puissant, au Souverain Dispensateur de tous les biens. Qu'il daigne répandre sur votre union ses plus abondantes faveurs en exauçant tous nos vœux et les vôtres ; qu'il vous accorde, avec les joies pures de la famille, tout ce qui peut contribuer à votre bonheur, à votre prospérité. »

La bénédiction nuptiale fut donnée aux époux, le même jour, dans l'église St-Chrysole, par le R. P.

Lefèvre, des frères Prêcheurs, qui leur adressa une touchante allocution.

La quête fut faite par MM. Maurice Coppin, et René Carissimo, accompagnant Mlles Thérèse Meurillon, et Germaine d'Ennetières.

Les époux Coppin-Van de Wynckele, eurent dix enfants, nés rue des Fossés-Neufs, 20, sauf le 2e né à Comines, et les 9e et 10e, rue de Thionville, N° 9 :

Anne-Marie-Joseph, le 14 septembre 1896 ;

Elisabeth-Marie-Joseph, le 6 octobre 1897 ; Décédée rue des Fossés-Neufs, le 24 février 1899 ;

Michel-Marie-Joseph, le 31 janvier 1899 ;

Jeanne-Elisabeth-Marie-Joseph, le 7 mai 1900 ;

Madeleine-Marie-Joseph, le 14 août 1901 ;

Germaine-Marie-Joseph, le 24 septembre 1902 ;

Cécile-Marie-Joseph-Gérard, le 15 février 1904 ;

Gérard-Marie-Joseph, le 6 juin 1905 ; Décédé, rue des Fossés-Neufs, le 13 octobre suivant ;

Gérard-Marie-Joseph-Maurice, le 1er février 1907 ;

Agnès-Marie-Joseph, le 14 Juin 1908.

FROIDURE-MEURILLON

—•✕•—

MEURILLON, Thérèse-Marie-Jeanne-Joseph, née à Comines, rue du Château, le 1ᵉʳ janvier 1886, B. le 3, en l'église Saint-Chrysole, P. Augustin Meurillon-Ghestem, son grand-père, M. Mᵐᵉ Marie Van de Wynckele-Mourcou, sa tante.

Mariée le 16 septembre 1905, T. du marié : MM. Louis Goeman, son beau-frère, et Louis Froidure, son frère, demeurant tous deux à Comines ; pour la mariée : MM. Alfred Van de Wynckele-Mourcou, son bel-oncle, demeurant à Comines, et Maurice Mourcou, propriétaire à Lille, son oncle, à

FROIDURE, Alphonse-Hubert-Joseph, brasseur à Comines, né en cette ville, le 23 octobre 1880, rue des Bouchers, P. M. Alphonse Vandermersch-Peucelle, son oncle, M. Mᵐᵉ Marie Froidure-Cardon, sa tante, fils de Louis-Henri-Joseph, brasseur à Comines, et de Mᵐᵉ Alix-Sophie-Henriette Vandermersch.

La bénédiction nuptiale fut donnée en l'église Saint-Chrysole, de Comines, par M. l'abbé Charles Lecomte, supérieur du collège de Tourcoing, qui adressa aux jeunes époux une touchante allocution.

. De ce mariage :

Jean-Alphonse-Marie-Joseph, né à Comines, rue

d'Hurlupin, le 6 juin 1906, B. le lendemain en l'église St-Chrysole, P. Louis Froidure-Vandermersch, son grand-père paternel, M. Mme Jeanne Meurillon-Mourcou, sa grand'mère maternelle.

Cécile-Thérèse-Alix-Marie-Louise-Joseph, née même maison, le 4 août 1907, B. même paroisse le 6, par M. le doyen Charles Lamstaes, P. Ernest Meurillon, son grand-père maternel, M. Mme Alix Froidure-Vandermersch, sa grand'mère paternelle.

Au banquet qui fut donné le jour du mariage, plusieurs toasts furent portés aux jeunes époux, notamment par M. Froidure-Vandermersch, qui s'exprima en ces termes :

« Je veux dire à mon ami Ernest, à Mme Meurillon, combien ma femme et moi sommes heureux et fiers de l'union de ce jour.

» Voir s'unir à notre famille la famille Meurillon qui depuis de si longues années fait briller à son blason, pour le bien de Comines et de la région toute entière, la foi, l'honneur, le travail, c'est une joie que nous apprécions à sa juste valeur. Et quand, par cette union, une enfant comme notre Thérèse nous est donnée, notre bonheur n'a plus de bornes. Tu sais, ma chère Thérèse, la place que tu occupes à notre foyer. Tu sais avec quel amour de père, de mère, quelle cordialité paternelle tu es accueillie au milieu de nous.

» Nous savons tous, presque aussi bien que tes chers parents, les qualités sans nombre dont le ciel t'a enrichie. C'est le noble héritage des aïeux, avec leurs exemples qui repose en toi ; ce sont les qualités de ton père, les séduisantes et si aimables vertus de ta mère.

» Et tout cela devient l'apanage de notre Alphonse. J'ose dire qu'il sera digne de sa jeune épouse, de sa nouvelle famille, n'ayant pour cela qu'à demeurer lui-même, à être comme époux ce qu'il a été comme fils, comme frère, comme ami.

» A votre bonheur, mes bien chers enfants, à la joie de voir autour de vos fronts une si riche couronne de parents et d'amis. Je lève mon verre et je m'écrie : vous serez toujours heureux. »

MOURCOU-VAN CAUWENBERGHE

La messe de mariage des époux Mourcou-Van Cauwenberghe, fut célébrée, à Dunkerque, en l'église St-Jean-Baptiste, par M. l'abbé Maurice Van Cauwenberghe, frère de la mariée, qui leur adressa une touchante allocution, et donna la bénédiction nuptiale.

De ce mariage, trois enfants, tous baptisés par M. l'abbé Van Cauwenberghe, leur oncle.

Les indications données dans le 2e supplément, page 29, au sujet de la naissance de Mlle Marie-Thérèse Mourcou étant inexactes et incomplètes, la descendance a été rétablie en entier.

Marie-Thérèse-Jeanne-Joséphine, née rue de Thionville, 32, le 11 novembre 1898, B. le lendemain, paroisse de la Madeleine, P. Maurice Mourcou, oncle, M. Mme Constant Van Cauwenberghe, née Denoyelle, aïeule.

Antoinette-Marie-Joseph, née même maison, le 29 avril 1900, B. le lendemain, même paroisse, P. Constant Van Cauwenberghe, aïeul, M. Mme Alfred Van de Wynckele, née Mourcou, tante.

Stanislas-André-Jean-Marie-Joseph, né boulevard Bigo-Danel, 22, le 2 juin 1902, B. le même jour, paroisse Saint-Martin-d'Esquermes, P. André Van

Cauwenberghe, oncle, M. Mme Ernest Meurillon, née
Mourcou, tante.

> MOURCOU, Stanislas, administrateur de la caisse
> d'épargne de Lille.

Au cours du banquet donné à l'occasion du mariage
de M. et Mme Mourcou Van Cauwenberghe, plusieurs
toasts furent portés aux jeunes époux, notamment .

TOAST DE M. CONSTANT VAN CAUWENBERGHE.

« Les évènements heureux se succèdent dans la famille.

» En effet, cinq mois à peine se sont écoulés depuis l'inoubliable fête
des prémices de notre cher Maurice, que nous voici de nouveau réunis
pour célébrer l'union de notre fille bien aimée avec un chrétien d'élite.

» Vos qualités et vos vertus nous sont maintenant connues, mon cher
Stanislas, et comme nous vous l'avons déjà dit, c'est bien généreusement
que nous vous confions notre fille.

» En annonçant la bonne nouvelle à notre famille, nous disions Deo
gratias.

» Oui, rendons grâces à Dieu. Le seigneur nous comble de joie et de
bonheur.

» A lui l'hommage de notre respectueuse reconnaissance, nous le
prions de verser sur vous et sur votre compagne, ses grâces les plus
abondantes !

» Vous allez fonder une famille, mes chers enfants, mais une famille
selon le cœur de Dieu: Noblesse oblige !! vous serez fidèles aux traditions
chrétiennes en honneur dans les deux familles, où tous deux vous avez
pu puiser l'exemple de la foi et de la piété.

» Ensemble vous marcherez dans les sentiers de la vertu, votre demeure
sera bénie de Dieu ; c'est de ce foyer que découleront ces bons exemples
qui donnent tant de consolations.

» Vous avancerez, dans la vie, toujours sous le regard de la divine
Providence, vous excitant mutuellement à faire le bien.

» Je porte la santé des jeunes époux, je bois à l'union des deux familles,
mais avant de lever mon verre, permettez-moi de rappeler à votre souvenir
qu'au-delà des mers, un digne et saint religieux a sa pensée tournée vers
nous, appelant sur les jeunes époux les bénédictions du Ciel ; ailleurs,
d'autres membres de la famille, religieux et religieuses, unissent leurs
demandes aux siennes. Ce concert de prières nous émeut jusqu'aux
larmes.

» Nous envoyons à ces chers absents l'expression de nos remerciements
et de toute notre gratitude.

» Et maintenant, jetons un regard d'amour sur cette chère et vénérée aïeule, la voilà au comble de la joie, ses vœux sont exaucés.

» Digne et bonne mère, jouissez largement de votre bonheur, soyez heureuse, et bénissez vos deux chers enfants. »

TOAST DE M. MAURICE MOURCOU.

MON CHER STANISLAS, MA CHÈRE MARIE,

« Au pied de l'autel, où, ce matin, vous avez uni vos destinées, vos parents et vos amis vous ont accompagnés de tous leurs vœux. Le ciel aura, j'en ai la ferme espérance, entendu les prières de nos familles et, aux bénédictions que le Ministre de Dieu a fait descendre sur vous seront venues se joindre celles d'un père et d'une mère dont nous vénérons la mémoire.

» Les mêmes amitiés se trouvent réunies au soir de ce beau jour pour vous dire mille souhaits de bonheur. A ce joyeux concert je vous demande d'associer le souvenir du Père Pierre Claver-Mourcou. Sa vocation de missionnaire le retient sur une plage lointaine de l'Orient, mais ne pouvant être des nôtres, il s'unit à nous dans toute l'ardeur de ses sentiments et avec toute la bonté de son âme.

» Mon cher Stanislas, ma chère Marie, à vous j'adresse ces dernières paroles : je vous souhaite toutes les joies que l'on peut avoir sur la terre, et si parfois sur le chemin de la vie, où les joies ne sont pas toujours sans mélange, vous rencontrez des épines à côté des roses, vous trouverez dans la vaillance de votre foi et dans la force de votre mutuelle affection, le gage d'un inaltérable bonheur.

» Je porte la santé du Père Pierre Claver-Mourcou, celle de notre cher Stanislas, de notre chère Marie. »

NOTA : C'est par erreur que dans le 2ᵉ supplément il a été imprimé que M. Stanislas Mourcou était né le 22 juillet 1864, c'est le 27 qu'il faut lire, ainsi qu'il est dit du reste page 295 de la Généalogie Crepy.

Il fut baptisé le jour de sa naissance, paroisse de la Madeleine ; il eut pour parrain M. Séraphin-Félix-Joseph Malfait, propriétaire à Lille, oncle, et pour marraine, Mᵐᵉ Marie-Adèle Delcourt, cousine-germaine, épouse de M. Gustave Charles-Antoine-Jean-Baptiste Théry, avocat à Lille.

Marie

Louis.

Séraphin.

Antonie.

MASUREL, Joseph.   Arsène.   Marie-Louise.

Louis.   DUQUESNOY.

Marie-Thérèse.   Elisabeth

Jean-Pierre.   Séraphin.   DELCOURT, Louis.

Anna.

Elisabeth.   Firmin.

Michel.   Adèle-Marie.   Marie-Joseph.

Jeanne.   COPPIN.   VANDEWYNCKELE.

Madeleine.   Pélagie.

Germaine.   Elisabeth.   Elise.

Cécile.   Lucie.

Gérard.   Anna.

Gérard.   Thérèse.   Silvin.

Agnès   FROIDURE.   Pierre.

             Pierre-Jean.   Louis.

             Madeleine.   Jean.   DESURMONT, Céline.

Jean.

Cécile.   Joseph-Marie.   Marie-Louise.

             Marie-Thérèse.

             Antoinette.   Maurice.   Justine.

             Stanislas.

                                 Jeanne.   Silvie.

                                 MEURILLON.   MOURCOU, Gustave.

                                 Stanislas.

                                 VANCAUWENBERGHE.

SMET, MARIE-PÉLAGIE.
MALFAIT, SÉRAPHIN-LAMBERT.

298

SMET-AUTHIER

———◦◦◦———

AUTHIER, Marie-Louise-Ange, épouse de Smet, Jean-Baptiste-Joseph, née à Paris, le 7 Mars 1794.

Décédée, même ville, à Notre-Dame des Anges, le 29 Juin 1856, à l'âge de 62 ans.

> Armoiries : d'azur au chevron d'argent, accompagné de 2 molettes, et d'un croissant du même.

M. Charles Le Thierry d'Ennequin, possède deux miniatures fort remarquables d'Angélique Authier et de son père.

Ainsi qu'on a pu le voir page 298 de la Généalogie Crepy, Jean-Baptiste Smet-Authier fut nommé Maire de Lille en 1830. Il succédait à M. Barrois-Virnot, qui pendant les jours d'effervescence, avait remplacé la précédente municipalité démissionnaire.

Son premier acte fut la renonciation au traitement de 12.000 fr. affecté au titre de Maire.

Extrait de : Lille, un coup d'œil sur son agrandissement, ses institutions, ses industries, par Ange Descamps ; ouvrage couronné par la Société Industrielle, Lille, Imprimerie L. Danel, 1878.

299   # SMET-MAURICE

MAURICE, Charlotte, veuve de Smet, Jean-Baptiste-Louis-Joseph, épousa :

En 2ᵉ noces, Mᵉ Gillion, aîné, Avocat ;

Et en 3ᵉ noces, M. Victor Gillion, son beau-frère, Industriel.

Elle mourut, sans postérité, à Bruxelles, 24, avenue de la Toison d'Or, le 30 Août 1884, âgée de 59 ans, et fut inhumée à Lacken.

300 # SMET–ANDREAU–MORAL

———×—

ANDREAU - MORAL, Antonia -.Cécile - Suzanne, épouse de Smet, Jules-Henri, Mariée à Paris, à Notre-Dame-des-Victoires, le 29 Mars 1862.

Décédée en cette ville, le 25 Juin 1899, inhumée à Enghien dans le caveau de son père et de son mari.

301   SMET, Henry

———◆◆◆———

SMET, Henry-Alphonse-André, capitaine d'artillerie coloniale, fit la campagne de Madagascar, et décéda à Hanoï (Tonkin), le 17 Août 1903.

SMET-MICARD

———•×•———

SMET, Tony-Octave-Antoine, né à La Villeneuve, le 3 Mars 1872.

Marié à Paris, à la Mairie du VIIIe Arrond^t, y demeurant rue de la Ville-l'Evêque. N° 24, le 28 Mars, 1908, T. du marié : M. Charles Ferry, ancien Député, puis Sénateur, demeurant à Paris, 1, rue Bayard, ami, M. Jean Romieu, Conseiller d'Etat, Chevalier de la Légion d'honneur, demeurant à Paris, 18, rue des Pyramides, ami ; de la mariée : M. Voisin-Bey, Inspecteur général des Ponts et chaussées en retraite, Officier de la Légion d'honneur, son grand-père, demeurant à Paris, 3, rue Scribe, M. Denis Pérouse, Inspecteur général des Ponts et chaussées, en retraite, Directeur honoraire des chemins de fer, Commandeur de la Légion d'honneur, ami, demeurant à Paris, 100, quai de Billy, à

MICARD, Mathilde-Juliette-Jeanne, demeurant à Paris, 25, rue du Faubourg-St-Honoré, née en cette ville, en Juin 1881, fille de Jean, Chevalier de la Légion d'honneur, et de Marie-Louise Voisin.

La bénédiction nuptiale fut donnée le 30, en l'Eglise de La Madeleine.

Smet, Tony, Auditeur de 1re classe au Conseil d'Etat.

302-68   LEFEBVRE-SMET

—⸳⋈⸳—

La bénédiction nuptiale fut donnée aux époux Lefebvre-Smet, le 22 Octobre 1903, en l'Eglise Sainte-Catherine, par M. l'abbé Dauchy, doyen de la paroisse, qui leur adressa une délicate allocution.

La quête fut faite par MM. Gérard Crepy et Léon Duquesne, accompagnant Mlles Georgette Crepy, et Marie-Louise Duquesne.

Le Souverain Pontife avait daigné envoyer sa bénédiction.

De ce mariage :

Charles-Léon-Constant-Louis-Joseph, né rue Saint-André, 28, le 29 Août 1904, B. le 30, en l'Eglise de La Madeleine, P. M. Constant Lefebvre, demeurant à Radinghem, M. Mlle Louise Smet, demeurant rue Jacquemars-Giélée, 118.

Léon-Charles-Henri-Joseph, né même maison, le 24 Février 1906, B. le 27, en l'Eglise de La Madeleine, P. M. Charles Maillard, demeurant rue Jacquemars-Giélée, 118, M. Mme Lefebvre-Wattelle, demeurant à Radinghem.

Wallerand-Marie-Alexandre-Joseph, né même maison, le 7 Février 1907, B. le 10, en l'Eglise de La Madeleine, P. M. Alexandre Lefebvre, demeurant à Radinghem, M. Mme Duquesne-Lefebvre, demeurant place Thiers, à Le Cateau (Nord).

Marie-Paule-Marguerite, née rue St-André, 31, le 13 Janvier 1908, B. paroisse de La Madeleine, P. M. Léon Duquesne, son cousin, M. Mlle Gabrielle Lefebvre, sa tante.

302 MAILLARD-SMET

—◦◦◦◦—

SMET, Louise-Marie-Léonie, née le 9 Novembre 1873, rue des Jardins, N° 16.

Mariée le 5 Juillet 1905, demeurant rue Jacquemars-Giélée, 118, T. Frédéric Reuflet, Avocat, demeurant rue Nationale, Paul-Emile Lefebvre, Docteur en médecine, demeurant rue Saint-André, 28, le 1er, cousin, et le 2e, beau-frère, de la mariée, Jean-Baptiste-Léonard-Marie Maillard, architecte à Tourcoing, et Etienne - Charles - Paul - Marie - Joseph Maillard, avocat à Tourcoing, le 1er, frère consanguin, le 2e, frère germain de l'époux, à

MAILLARD, Charles-Henri-Marie-Joseph, agent d'assurances, demeurant à Tourcoing, rue St-Jacques, 65, né en cette ville, le 23 Décembre 1870, fils de Charles-Aimé-Joseph, architecte, et de Reine-Pauline Desurmont.

La bénédiction nuptiale fut donnée le même jour, en l'Eglise Ste-Catherine, par M. le chanoine Dauchy, qui prononça une délicate allocution.

La quête fut faite par MM. Pierre Courouble et Achille Maillard, accompagnant Mlles Louise Maillard et Jeanne Courouble, neveux et nièces du marié.

De ce mariage :

Charles-Léon-Paul-Louis-Jean-Baptiste-Joseph , né
le 1er Février 1907, rue Jacquemars-Giélée, 118,
B. le 3, en l'église Ste-Catherine, P. Jean-Baptiste
Maillard, demeurant à Tourcoing, M. Mme Margue-
rite Smet, épouse de Paul Lefebvre, demeurant à
Lille.

308   LE THIERRY-SMET

—×××—

Par jugement, en date du 22 Janvier 1891, à la
requête de M. Le Thierry, Charles-Désiré-Lucien,
le Tribunal civil de Lille a ordonné le rétablis-
sement, sur les registres de l'Etat-Civil, de son
nom patronymique, Le Thierry d'Ennequin, tel
qu'il était porté avant la Révolution, et, en dernier lieu, par sa bisaïeule, Marie-Anne-Françoise
de Bonneval, décédée à Saint-Maurice-Lille, le
20 Janvier 1815.

Voir aux Archives : Acte de foy et hommage de
la Seigneurie d'Ennequin, en 1782.

LE THIERRY D'ENNEQUIN, Charles, après avoir
obtenu le Diplôme de Licencié en Droit, s'adonna complètement à son goût prononcé pour les voyages et les Beaux-
Arts.

A diverses reprises, il visita l'Europe et toutes les
régions méditerranéennes, mais étudia plus particulièrement les musées et les monuments d'Italie, de Grèce,
d'Egypte et de Nubie. Il entreprit aussi de nombreuses et
lointaines excursions, traversa l'Amérique, parcourut le
Japon, les côtes de la Chine, l'Annam, l'Ile de Java, la
Birmanie, le Cambodge et le Siam, ainsi que ses Temples
fameux d'Angkor-Thom.

Aux Indes, dont il fit une étude approfondie, il s'attacha spécialement aux Temples de Religion et de style
Jaïniques, comme ceux de Nagda, ou de Khajusao, très
intéressantes ruines du VII⁰ et du XII⁰ siècles, perdues
dans la brousse du Mewar et du Chattarpore.

Entre temps, il aborda avec succès des travaux d'orfè-
vrerie et produisit quelques gracieuses statuettes, notamment une Vestale-Pysché ; L'Amour et la Nuit (Bronzes) ;
Une Ménade ; La femme aux roses (Marbres) ; Judith
(Ivoire, bronze, or et pierreries) ; La Sorcière (Ivoire).

Heureusement doué pour la sculpture, il en avait
étudié la Technique sous la direction de Letourneau, élève
de Fremiet.

La généalogie de la famille Le Thierry a été
publiée, en Février 1907, dans les Mémoires de la
Société d'études de la Province de Cambrai.

Elle fait partie du recueil de généalogies lilloises,
par M. Denis du Péage. Lille, Imprimerie Lefebvre-
Ducrocq.

Armes : de sable au chevron d'or, accompagné de trois étoiles à cinq
rais du même.

On trouve encore : d'or au chevron de sable, accompagné de trois
étoiles à cinq rais du même.

Raoul.

Henry.

Tony.

MICARD.

Jean-Baptiste-Louis.

Maurice-Charlotte.

Alice.

Charles.

Alberic.

Marguerite.

Léon.

LEFEBVRE.

Léon-Joseph.

WALLERAND.

Louise.

Jules-Henri.

MAILLARD.

ANDRAU-MORAL.

Marie-Paule.

Léonie.

Lucien-Joseph.

INIQUEZ.

Charles.

Léon-Stanislas.

REUFLET, Marie.

Charles.

Marie-Lucie.

Eugène.

LE THIERRY, Désiré.

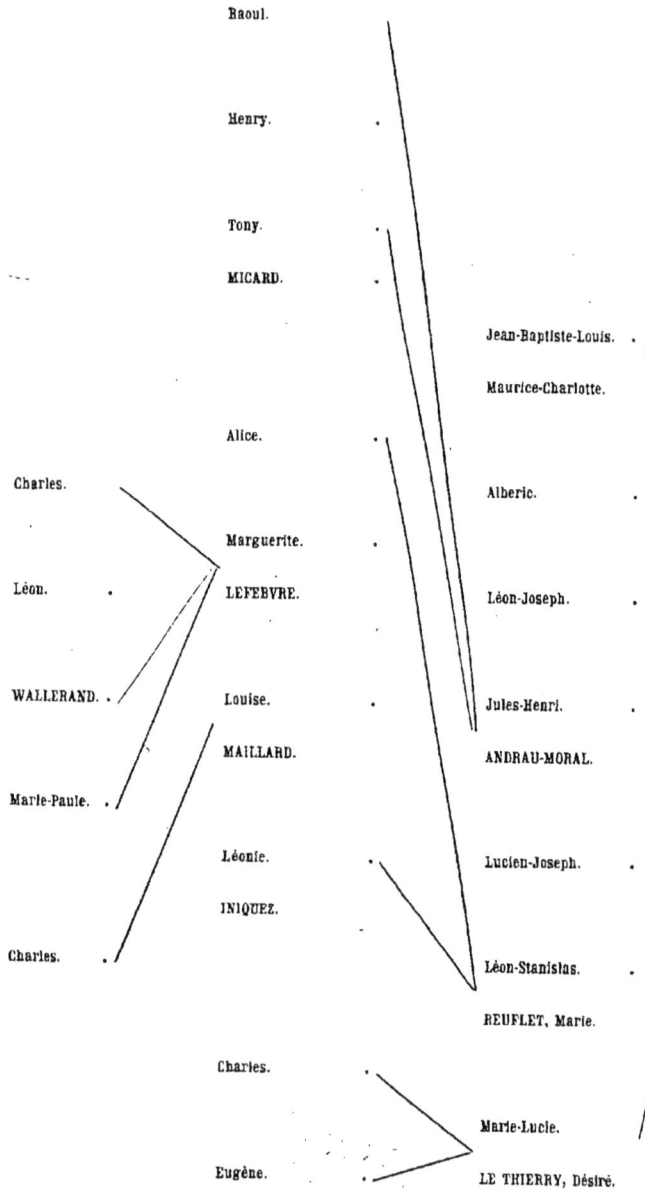

SMET, Jean-Baptiste-Joseph.
AUTHIER, Marie-Louise.

806

SMET, Eugénie

——— ◆◆◆ ———

C'est par erreur qu'il a été dit, dans la généalogie Crepy, page 305, que Smet, Eugénie, la Révérende Mère « Marie de la Providence », était décédée à Loos, alors que c'est à Paris, au siège de l'Institut, rue de la Barouillière, N° 16.

Elle fut enterrée, au cimetière Montparnasse, dans le caveau de la communauté.

SMET, Eugénie, fille de Henri Smet, et de Pauline Taverne de Montdhiver, petite fille de Jacques Taverne de Montdhiver, Sr de Renescure, et de Rose Bonnier du Metz, fut élevée au couvent du Sacré-Cœur à Lille. Elle en sortit, en 1843, pour habiter le château de Loos. Elle fréquentait celui de Flers où l'attiraient de joyeuses réunions de famille, présidées par son oncle, Jean-Baptiste Smet, ancien maire de Lille, et sa tante, Marie-Louise-Angélique Authier. Cependant la pieuse ferveur de la jeune fille se fortifiait dans le culte de la vierge miraculeuse de Loos, Notre-Dame-de-Grâces, dont Eugénie composa les litanies au profit d'œuvres charitables. D'une âme forte, généreuse, entreprenante, dévorée du désir de faire le bien, de se dévouer, de se sacrifier, elle eût, dès 1854, la compatissante inspiration de créer une Société religieuse, afin de soulager les âmes du Purgatoire par la prière, les bonnes œuvres, l'expiation volontaire. Cette inspiration, elle la réalisa en 1858, l'année même où s'effondrait dans la mort, le foyer des châtelains de Flers, autrefois si animé!

Douée d'une confiance absolue en la Providence Divine, encouragée, dans ses desseins par M. Vianney, le très vénérable curé d'Ars, Mlle Smet vint à Paris, pour y fonder, 22, rue St-Martin, la Société des Religieuses auxiliatrices des âmes du Purgatoire, dans le but de venir au secours des défunts, par les œuvres de miséricorde spirituelles et corporelles, le soin à domicile des malades pauvres. Telle est la devise de l'Institut : Prier, souffrir, agir, pour les âmes du Purgatoire !

L'Institut fut fondé sous les auspices de Monseigneur Sibour, Archevêque de Paris, sans ressources financières; il prospéra cependant et put,

7

quelques mois plus tard, être transféré au N° 16 de la rue Barouillière, où la Supérieure installa, pendant le siège de Paris, une ambulance pour les blessés.

Mais déjà, la révérende Mère de la Providence était mortellement atteinte par la maladie, et c'est après les plus cruelles souffrances qu'elle s'éteignit saintement, le 7 Février 1871, assistée du révérend Père Olivaint, au milieu de ses filles, qui la firent inhumer dans le caveau de la communauté au cimetière Montparnasse.

Nous nous serions reproché de ne pas consacrer ici un pieux souvenir à la mémoire vénérée de la Mère de la Providence, et de passer sous silence son œuvre religieuse et sociale, que nous aimons à considérer comme un rameau spirituel de la famille Smet.

Dès le 16 Août 1869, la Mère de la Providence reçut de Rome, le bref laudatif. En 1873, Pie IX accorda le bref d'approbation, à son Institut, et Léon XIII en approuva les constitutions en 1878. L'association religieuse compte aujourd'hui de nombreux établissements. Outre la Maison-Mère, nous citerons, dans la capitale, la maison de Montmartre, établie au lieu même du martyre de Saint Denis, de la chapelle bâtie par Sainte Geneviève, et du berceau de la Compagnie de Jésus ; la maison de la rue Jean-Goujon, avec la chapelle commémorative des victimes de l'incendie du Bazar de la Charité. L'Institut a multiplié ses communautés, non seulement en France (Nantes, Lille, etc.), mais en Belgique, en Autriche, en Suisse, en Espagne, en Angleterre, en Ecosse, en Italie, aux Etats-Unis, en Chine !

Emma Smet, sœur de la Fondatrice, Econome générale de la Société, célébrera bientôt la fête de ses quatre-vingts ans, après 46 ans de profession religieuse qui n'ont pu atténuer, chez elle, le vivace attachement qu'elle conserve aux membres de la famille, toute heureuse qu'elle est d'avoir suivi la voie tracée par sa sœur aînée. Tous ont pour la Mère Saint Ignace, l'affection la plus respectueuse, et la plus reconnaissante.

Il y a lieu de remarquer que Marie de la Providence fit des prosélytes dans sa famille : Elise Mourcou, et Julie Waymel, Mère Ste-Camille, actuellement supérieure à Bruxelles.

Pour plus amples détails, consulter : Les Auxiliatrices du Purgatoire, par le R.P. Blot, de la Cie de Jésus. Paris, Regis Ruffet, 1863. La Mère de la Providence, Paris, Victor Lecoffre 1907, 5e édition.

Armes : Taverne de Mont d'Hiver.
Écartelé : aux 1 et 4, d'argent à l'ancre de sable couronnée de gueule, aux 2 et 3 d'or à cinq trèfles de sinople posés 2 1 et 2.

308   WAYMEL-BLONDEL

—·×·—

WAYMEL, Henri-Ignace-Camille, né à Haubourdin, le 31 Janvier 1860, P. Henri Smet, M. Henriette Waymel.

Marié à Arras, le 2 Septembre 1882, T. Jules Richez, Alphonse François, Charles Denis, et François Briez, à

BLONDEL, Marguerite-Jeanne-Marie, demeurant à Arras, née en cette ville, le 24 Juin 1862, fille de Léonce et de Marie Delor, négociant, 26, Petite Place.

WAYMEL. Henri. Représentant des Mines de Nœux et Vicoigne, demeurant à Orléans. Boulevard St-Vincent, N° 8.

De ce mariage :

Madeleine-Marie-Joseph, née à Haubourdin, le 4 Août 1883, P. C. Waymel, M. Mme Marie Blondel.

Décédée à Orléans, boulevard St-Vincent, N° 8, le 2 Février 1886.

Maurice, né même maison, le 26 Octobre 1886, y décédé en naissant.

Marcelle-Marie-Joseph, née même maison, le 24

Avril 1892, P. Léonce Blondel, M. Mlle Henriette Waymel.

Jacques-Marie-Raphaël, né même maison, le 28 Avril 1907, P. Jules Dupont, M. Mlle Marcelle Waymel.

308

WAYMEL-DELAHODDE

———◦∞◦———

WAYMEL, Camille-Ignace-Marie-Joseph, né à Haubourdin, le 23 Janvier 1864, P. Henri Taffin, M. Maria Smet.

Marié à Lille, le 2 Juin 1894, T. Jules Richez, Henri Waymel Victor et Paul Delahodde, à

DELAHODDE, Gabrielle-Marie-Berthe, née à Lille, le 23 Janvier 1873, fille d'Albert, négociant en lins, demeurant à Lille, rue des Augustins, et de Clotilde Deswarte.

WAYMEL, Camille, Huissier à Lille.

De ce mariage :

Camille-Ignace-Marie-Joseph, né à Roubaix, rue Colbert, N° 22, le 17 Mai 1895, B. paroisse Saint-Sépulcre, le 20, P. Camille Waymel, M. Adèle Delahodde.

Maurice-Ignace-Marie-Joseph, né même maison, le 24 Octobre 1897, B. le 26, même Eglise. P. Albert Delahodde, M. Marie Waymel.

WAYMEL-WAGRET

308

———◦×◦———

WAYMEL, Eugène-Ignace-Marie-Joseph, né à Haubourdin, le 31 janvier 1868, P. Alidor Taffin, M. Pélagie Malfait.

Marié à Escautpont, le 5 janvier 1895, T. Henri Becquart, Léon Sachez, Paul Wagret, Jules Sirot, à

WAGRET, Maria, née à Escautpont, le 26 juillet 1875, P. Léopold Delcourt, M. Pauline Van Cauvelaert, fille d'Adolphe, et de Joséphine Cauchy.

WAYMEL, Eugène, Ingénieur des Mines à Anzin.

De ce mariage, 6 enfants nés à Anzin.

Paule-Marie-Eugénie-Joseph, le 10 octobre 1895, P. Camille Waymel, M. Joséphine Cauchy.

Roger-Adolphe-Eugène, le 5 avril 1898, P. Paul Waymel, M. Berthe Wagret.

Agnès-Marie-Joseph, le 29 octobre 1899, P. Paul Wagret, M. Marie Waymel.

Edith-Maria, le 10 septembre 1901, P. Joseph Waymel, M. Mme Paule Carlier.

Maria, le 30 décembre 1902, P. Camille Waymel, M. Paule Waymel.

Mariette, jumelle de la précédente, P. Léon Gauthier, M. Françoise Malherbe.

308   WAYMEL-DELATTRE

———◦◦◦◦———

WAYMEL, Paul-Ignace, né à Haubourdin, le 23 mai 1870, B. le 25, P. M. Loison, M. Mlle Laure Smet.

Marié à Roubaix, le 12 janvier 1901, T. Henri Waymel, Camille Waymel, Charles Courouble, Emile Delattre, à

DELATTRE, Louise, demeurant à Roubaix, rue Mimerel, 35, née à Paris, rue de Dunkerque, 21, le 27 juin 1879, B. le lendemain, paroisse St-Vincent-de-Paul, P. Emile Delattre, M. Octavie Lambin, fille de Louis, et de Delphine Aerts, tous deux décédés.

WAYMEL, Paul, brasseur, à Mons-en-Barœul.

308   WAYMEL-BULTIEAUX

——◦×◦——

WAYMEL, Joseph-Ignace-Marie, né à Haubourdin, le 27 juillet 1873, P. Henri Taffin, M. Julie Waymel.

Marié à Villers-sire-Nicole, le 27 juin 1905, T. Henri Waymel, Vital Haquet, Léon Ouverlaux, Paul Ouverlaux, à

BULTIEAUX, Louise, née à Villers-sire-Nicole, le 28 avril 1882, P. Auguste Ouverlaux, M. Elise Bultieaux, fille de Jules, minotier à Villers-sire-Nicole, et de Léonie Ouverlaux.

WAYMEL, Joseph, représentant des Forges Senelle, Maubeuge.

De ce mariage :

Jeanne-Louise-Marie-Reinelde, née à Valenciennes, rue de Mons, 76 bis, le 30 mai 1906, B. le 11 juin suivant, paroisse Notre-Dame, P. Henri Waymel, M. Léonie Bultieaux.

Yvonne-Marie-Louise-Reinelde, née même maison, le 10 juin 1907, B. même paroisse, le 1er juillet suivant, P. Jules Bultieaux, M. Marie Waymel.

Magdeleine.

Maurice.   Julie-Marie.

Marcelle.   Henri.   Laure-Rose.
                  BLONDEL.

Jacques.

                  Marie-Lucie.   Marie-Joseph.

Camille.   Camille.
                  DELAHODDE.   Eugénie-Marie.

Maurice.

                  Ernest.
                                    Emma-Marie.

Paule.   Eugène.
                  WAGRET.

Roger.   Ernest-Henri.

                  Paul.
Agnès.   DELATTRE.

                                    Julie-Désirée.
Edith.   Joseph.   WAYMEL, Camille.
                  BULTIEAUX.

Marie.

Maurice.   Eugénie.

Jeanne.

Yvonne.

SMET, Henri–Édouard–Joseph.
TAVERNE, Marie-Pauline-Joseph.

CREPY-DAILLY

1res NOCES

———~⊱⋅⊰~———

2me Branche

CREPY-DU BOIS

OLIVIER-ESTABEL

———❊———

Toast porté par T. Bommart, à M. et Mme Olivier, au banquet donné le 19 Juillet 1902 à l'occasion de leur jubilé.

« Le 23 Juillet 1845, il y a donc 57 ans, la famille Crepy, alors dans toute sa force, se trouvait réunie pour fêter les noces d'or de nos grands parents, Gérard Crepy et Elisabeth Dubois.

» En ma qualité d'aîné des petits-fils, j'avais été chargé d'adresser aux vénérables Jubilaires, les félicitations et les souhaits de tous leurs petits-enfants, et je terminais mon compliment en disant : Puisse l'exemple que vous nous avez donné, servir de modèle à ceux de vos petits-enfants que l'hymen enchaînera, et eux aussi, pourront, un jour, célébrer le 50e anniversaire de leur mariage.

» A cette époque si lointaine, je ne pensais guère que je verrais se réaliser le vœu que je formais alors, et que ce même privilège de l'âge, me fournirait l'occasion agréable d'adresser mes bien sincères félicitations et mes souhaits les meilleurs, au ménage modèle que nous fêtons aujourd'hui, ménage heureux entre tous, dont la descendance s'annonce brillante, et le seul de la famille Crepy qui, jusqu'ici, soit resté uni pendant un demi siècle.

» L'éloge de M. et Mme Olivier n'est plus à faire, chacun de nous, depuis longtemps, a pu apprécier leurs mérites. Ce ne sont pas seulement d'aimables Parents, ce sont aussi des amis surs et dévoués, et je craindrais de troubler leur modestie, en m'étendant sur le chapitre des qualités sérieuses qui les distinguent.

» Je ne puis, cependant, passer sous silence que, dans sa carrière si bien remplie, Victor Olivier a su se concilier la sympathie et l'estime générale. Le ruban rouge qui orne sa boutonnière, et son nom, gravé sur le marbre, au frontispice d'un hôpital, disent assez que son mérite, son zèle et son dévouement sont hautement appréciés : aussi la famille Crepy est-elle fière de le compter parmi ses membres.

» Mmes et M^{rs}, je vous propose la santé de M. et Mme Olivier, en leur exprimant notre vif désir et notre ferme espoir, de les voir longtemps encore parmi nous ».

Estabel-Céline-Aimée, décédée à Cannes (Alpes-Maritimes) à l'Hôtel de France, le lundi 5 Mars 1906. Inhumée le Vendredi, 9, à Lille, au cimetière de l'Est.

128

DUMORTIER-VASSE

— ✕ —

Suite de la descendance :

Joseph-Henri-Paul, né rue du Conditionnement, N° 50, le 16 Août 1904, P. Vasse, M. Mme J.-B^te Dumortier (Supplément à la notice, page 54, du 2me supplément).

Jacques-Marie-Agnès-Joseph, né même maison, le 22 Février 1906, P. Joseph Vasse, M. Melle Marie Dumortier.

128 PROYART-COURMONT

—◦◦◦—

PROYART, Louis, né à Douai, rue Jean-de-Gouy, 8, le 10 Janvier 1880.

Marié à Lille, le Vendredi 2 Décembre 1904, à

COURMONT, Gabrielle-Caroline-Julie-Marie, demeurant rue Royale, 41, née en cette ville, le 27 août 1881, fille de René, Notaire, et de Adèle Duhem.

La bénédiction nuptiale fut donnée le lendemain en l'église Ste-Catherine, T. du marié, Paul de Bailliencourt, dit Courcol, notaire, son oncle, et Maxime Hulleu, son beau-frère ; de la mariée, Achille Dincq, administrateur des Mines de Bruay, Chevalier de la Légion d'Honneur, son oncle, et Albert Delestré, propriétaire, ami de la famille.

CREPY-VERLEY

———— ×o× ————

Suite de la descendance :

Ludovic-Germain-Auguste-Marie-Joseph, né rue des Jardins, 28, le 4 Décembre 1904, T. Mme Louise Danel, veuve de M. Paul Crepy, aïeule, Mme Georges Herlin, tante.

CREPY, Auguste, Président de la Société de Géographie.

S

110-34   CREPY-ROLLEZ

———×———

Suite de la descendance :

Maxime-Jean-Georges, né rue Jean-Levasseur, 6, le Samedi 28 Janvier 1905, à 7 heures du matin, P. Georges Crepy, industriel, cousin, M. Mme Omer Bigo, tante maternelle.

Odette-Caroline-Louise-Eugénie, née place de Tourcoing, 24, le Vendredi 28 Septembre 1906, à 3 heures 1/2 du matin, baptisée le 2 Octobre, à St-Martin d'Esquermes, P. Gustave Rollez, oncle, M. Mme Adolphe Crepy, cousine

126

TRÉCA de BAILLIENCOURT

—⋈—

De BAILLIENCOURT, Jeanne-Marguerite, née à Douai, rue des Procureurs, 9, (actuellement Gambetta) le 10 Mai 1879.

Mariée même ville, le Samedi 10 Juin 1905, T. de la mariée : Henri Allard, aïeul, et Georges de Bailliencourt, frère ; du marié : Mlles Marie-Thérèse, et Marguerite Tréca, sœurs, à

TRÉCA, Maurice-Alphonse-Marie-Joseph, avocat, docteur en droit, demeurant à Douai, rue de l'Université, 22, né même ville, le 13 Octobre 1880, fils de Anatole-Marie-Joseph, en son vivant notaire à Douai, où il est décédé le 9 Avril 1896, et de Steverlynck, Hélène-Clémence-Honorine.

La bénédiction nuptiale fut donnée le Lundi suivant, en l'église Notre-Dame, en présence de MM. Henri Allard, aïeul, Paul de Bailliencourt, frère, Octave Steverlynck, oncle, et Melle Marie-Thérèse Tréca, sœur, par M. l'abbé Tréca, vice-doyen, curé de Fresnes oncle paternel, qui adressa aux jeunes époux une touchante allocution.

La quête fut faite par Mlles Hélène Tréca et Marguerite de Bailliencourt, accompagnées de MM. Paul de Bailliencourt, et Anatole Tréca.

Pendant la cérémonie, M. Heisser, le distingué violoniste, et M. Henri Delahaye, l'excellent organiste de la paroisse, exécutèrent différents morceaux très appréciés.

De ce mariage :

Elisabeth-Marie-Joseph, née à Douai, 72, boulevard Delebecque, le 8 Octobre 1907, B. le 9, paroisse Notre-Dame, P. Paul de Bailliencourt, grand-père maternel, M. Mme Tréca, née Hélène Steverlynck, grand'mère paternelle.

91-21   # FARINAUX-OUTREBON

———◦◦◦———

Suite de la descendance :

Anne-Marie-Françoise-Albertine, née à Lambersart, rue de Lille, 22, le 23 Septembre 1905. P. Albert Outrebon, son oncle, M. Mme Duhamel-Lefeuvre, sa cousine.

128-53 PROYART-BOUTET

Suite de la descendance :

Jacqueline-Marie-Joséphine, née à Monchy Le Preux, le 27 Octobre 1905, P. Auguste Boutet, M. Mme Jean Petit.

Louise-Marie Joséphine, née même commune, le 22 Septembre 1907, P. Louis Proyart, M. Mme Henri Gros, tante maternelle.

111

CREPY-FLAMENT

———◦≪◦———

CREPY, Léon-Louis, décédé boulevard Vauban,
N° 92, le mercredi 10 Janvier 1906, inhumé le
samedi 13, au cimetière du Sud.

Les mémoires de la Société d'Etudes de la Province de Cambrai
contiennent la liste des fondateurs de l'Ecole Saint-Joseph, rue Solférino,
mentionnés dans la chapelle I. H. S.

On y remarque, page 587, les noms de Léon et Eugène Crepy.

64-78   DE MONTAZET-D'APVRIL

— ⚬⚬⚬ —

· DE MONTAZET, Antoine-Marie-Joseph, né à Albi,
le 1ᵉʳ Septembre 1880.

Marié à Nîmes, le 17 Janvier 1906, agent principal à la Société générale, à Béziers. Témoins du
marié : Charles de Montazet, ancien officier au
service du St-Siège, ancien Sous-Préfet, son oncle,
et Jean-Marie-Charles Abrial, Enseigne de vaisseau,
son cousin germain ; de la mariée : M. d'Apvril,
et le marquis de Mazan, à

D'APVRIL, Marie-Amélie-Henriette, fille du Général commandant l'artillerie du 15ᵉ corps, et de
Mᵐᵉ de Mazan, née à Valence (Drôme), le 6 Janvier
1884.

La bénédiction nuptiale fut donnée en l'Eglise
Sainte-Perpetue, par le Révérendissime Dom Romain,
abbé mitré d'Encaliat (Tarn), assisté de MM. les
chanoines de Villeperdrix, vicaire général, et Jour-
dan, secrétaire particulier de Monseigneur l'Evèque
de Nîmes.

Le célébrant adressa aux jeunes époux une délicate allocution d'une haute élévation de sentiments.

A l'offertoire, M. Raymond de Montazet interpréta
avec beaucoup de talent l'Ave Maria, de Brun, et

le Sancta Maria, de Faure, accompagné à l'orgue par M. Armand, organiste de la paroisse.

La quête fut faite par Mlles Yvonne de Lubac, Pellat, Monnier et Camps, qu'accompagnaient MM. Raymond et Michel de Montazet, Charles de Cambraire, et Lévèque, officier d'ordonnance de M. le général Sabatier.

On remarquait dans le brillant cortège, MM. les généraux Sabatier et Camps, de la garnison de Lyon.

Un grand nombre d'officiers de tous grades, et l'élite de la Société Nimoise, emplissaient la vaste nef.

Le défilé à la sacristie dura près d'une heure, et nombreux furent les amis des deux familles qui avaient tenu à féliciter les nouveaux époux.

A l'issue de la cérémonie, une réception brillante des officiers de la garnison eut lieu à l'Hôtel du boulevard Sergent Triaire.

De ce mariage :

Marie-Mélanie-Jéromine, née à Villefranche-de-Rouergue, le 3 Novembre 1906, B. paroisse Notre-Dame, le 3 Décembre suivant. P. Emile-Léon d'Apvril, son grand-père, demeurant à Riez (Basses-Alpes) ; M. Mélanie-Catherine de Montazet, née Abrial, sa grand-mère, demeurant à Mauriac, par Gaillac (Tarn).

ABRIAL-de MONTAZET

———◆◆◆———

ABRIAL, Raymond, Receveur des Domaines, à Montfort-l'Amaury (Seine-et-Oise), requis par le Directeur de l'Enregistrement pour inventorier l'Eglise de Montfort, s'y refusa et donna sa démission, le 9 Février 1906.

Il habite actuellement, " Villa Raymond ", à Dourgne (Tarn).

132

TOUSSIN-CREPY

———◆◆◆———

CREPY, Laure-Pauline, veuve de Toussin, Gustave, décédée à Loos-lez-Lille, en son château de Long-champs, le mercredi 14 Février 1906. Inhumée le 17, au cimetière de l'Est.

CREPY-SCHOTSMANS

Suite de la descendance :

Marie-Thérèse-Jeanne-Augusta, née boul^d Vauban, 6, le 5 Avril 1906. B. le 10 en l'Eglise Notre-Dame-de-Consolation (Vauban). P. M. Auguste Poullier, son grand-oncle. M. Mlle Jeanne Le Gentil, sa cousine germaine.

NICOLAS de MEISSAS (l'Abbé)

———◦❈◦———

Alexandre - François NICOLAS de MEISSAS, ancien chapelain de Sainte-Geneviève, ancien aumônier du collège Rollin, Professeur de Patristique à l'école des Hautes-Etudes, décédé le 9 Octobre 1906, en son domicile, à Issy-les-Moulineaux (Seine), villa Secchi, route du Fort, dans sa 69me année. Inhumé le 13, au cimetière d'Issy.

Discours de M. Jean Réville, secrétaire de la section des sciences religieuses de l'école pratique des Hautes-Etudes, à la Sorbonne.

« En l'absence de notre président, retenu chez lui par la maladie, je viens, au nom de l'école des Hautes-Etudes, déposer sur le cercueil de M. l'abbé de Meissas, l'hommage de l'estime et de la sympathie de mes collègues.

» La section des sciences religieuses de l'école des Hautes-Etudes est une institution dépourvue de toute espèce de caractère ecclésiastique ou confessionnel. Elle a pour but de développer l'Etude purement historique des religions, de toutes les religions, et de faire progresser la connaissance scientifique de leurs origines et de leur évolution. Elle accueille des collaborateurs de toute provenance, à la seule condition qu'ils appliquent dans leurs travaux la méthode historique et critique.

» C'est à ce titre qu'elle avait autorisé M. l'abbé de Meissas à faire, chez elle, un cours libre de patristique. Pendant les loisirs que lui laissaient ses fonctions d'aumônier du collège Rollin, M. de Meissas avait multiplié les lectures et accumulé les notes érudites sur les origines historiques et littéraires de son église. Il avait à cœur de faire connaître le résultat de ses études, notamment sur les formes primitives du gouvernement de l'église de Rome. Le déclin rapide de sa santé ne lui a pas permis d'achever cette œuvre à laquelle il a consacré, pendant deux ans et demi, une conférence par semaine.

» En ce jour où il nous quitte définitivement, c'est un devoir pour moi d'attester ici en présence de ses parents et de ses amis, la liberté d'esprit et le désintéressement qui ont inspiré son enseignement. M. de Meissas a eu, avec les membres de notre école, les relations les meilleures et les plus amicales, et je suis assuré d'être l'interprète de tous en exprimant les regrets que nous cause sa mort prématurée.

» Il a accompli sa tâche avec fidélité et d'une façon consciencieuse. N'est-ce pas là le témoignage que nous devons tous aspirer à mériter, quand viendra, pour nous aussi, l'heure suprême ! Celui d'avoir fait notre devoir simplement et avec fidélité.

Discours de M. Rousselot, ancien directeur du collège Rollin.

« L'Université ne pouvait laisser disparaître l'un de ses plus fidèles serviteurs, sans lui apporter le tribut de ses regrets, et des éloges dus à sa mémoire. Ce devoir incombait à M. le directeur du collège Rollin, et je lui suis reconnaissant d'avoir confié cette douloureuse mission à son prédécesseur.

» L'excellent aumônier, dont nous déplorons la perte en ce jour, fut mon collaborateur pendant 15 années, il était devenu mon ami. Je ressens donc une profonde tristesse en lui adressant un dernier adieu, mais ce sera une grande consolation pour moi, d'avoir eu à vous parler de lui durant quelques instants.

» M. Alexandre-François-Nicolas de Meissas naquit à Paris, le 30 Novembre 1837, d'une famille universitaire ; son père était censeur du lycée d'Auch, lorsqu'il obtint le diplôme de Bachelier ès-Sciences. Il chercha d'abord sa voie dans les carrières civiles où il serait arrivé certainement par son intelligence, et la fermeté de son caractère, à une belle situation ; il préféra bientôt essayer de l'enseignement et professa les mathématiques à l'institution N.-D. de Rethel, de 1859 à 1861. Son esprit mûr et réfléchi, ne le laissait d'ailleurs étranger à aucune question, et c'est ainsi, qu'à la suite de lectures faites sur les conditions du Sacerdoce, il se sentit attiré vers l'état ecclésiastique, sans qu'aucune influence humaine n'eût jamais pesé sur sa conscience.

» Entré au grand séminaire, l'abbé de Meissas y fit de fortes études théologiques ; il travaillait par goût plutôt que par devoir, approfondissant avec le plus chaud intérêt les grandes pensées sur lesquelles repose tout l'enseignement religieux, ne laissant passer aucune objection sans réponse.

» Ordonné prêtre en 1863, il occupa successivement des postes de vicaire, dans les paroisses de Charleville, de Vouziers, et d'Auteuil. Chapelain de Ste-Geneviève, de 1867 à 1873, il profita des loisirs que lui procurait cet emploi, pour conquérir brillamment le titre de docteur en Théologie, et il fut alors nommé chanoine-honoraire.

» Durant cette dernière période la guerre de 1870 avait éclaté, guerre suivie de jours douloureux pour la patrie, la défaite avec ses humiliations, le siège avec ses angoisses.

» Dès le premier jour, l'abbé de Meissas sollicita de prendre rang parmi les défenseurs du territoire envahi, en qualité d'aumônier de l'armée ; il parcourut alors les champs de bataille, initiant les soldats des avant-postes aux sentiments généreux, consolant les blessés dans les ambulances, accourant près de ceux, plus nombreux, qui n'avaient plus d'espoir que dans une récompense éternelle. Il faut lire l'ouvrage que ce prêtre patriote a écrit sur les évènements auxquels il a été mêlé, pour comprendre l'impression vive qui lui en était restée, et la passion communicative avec laquelle il en évoquait le souvenir, toutes les fois qu'on lui en procurait l'occasion. S'il n'avait montré, à cette époque, un désintéressement qui lui fait honneur, le jeune aumônier aurait obtenu facilement la Croix de la Légion d'honneur, pour laquelle il avait été proposé par le général de la division à laquelle il appartenait.

» De 1873 à 1879, M. l'abbé de Meissas fut aumônier de l'hospice Greffulhe, et de 1880 à 1883, il occupa les mêmes fonctions dans la maison des frères de St-Jean-de-Dieu. Lorsqu'en 1884, l'aumônerie du collège Rollin devint vacante, il n'eut qu'à poser sa candidature pour la voir aussitôt agréer. Dans ce nouveau poste il devait passer 21 ans, entouré des plus vives et des plus durables sympathies.

» Notre cher aumônier aimait beaucoup son collège ; il était fier de sa gloire. Personne, plus que lui, ne se réjouissait quand les élèves rapportaient des examens, ou des grands concours, des diplômes et des couronnes. Il ne manqua jamais une occasion de parler du collège avec éloge et s'il en fut besoin quelquefois, il prit chaleureusement sa défense. Il fut l'ami de ses collègues. Pour quelques-uns il dut se contenter de mettre en œuvre la maxime — Si fieri potest cum hominibus pacem habentes — ce à quoi il réussit toujours ; beaucoup répondirent à ses fraternelles avances et mirent leurs mains dans sa main. Entre eux se débattaient les questions les plus graves — Philosophie, théologie, lettres, sciences fournissaient le plus souvent la matière de leurs pacifiques discussions, ou la bonne foi la plus entière présidait toujours, Mais c'est notre ami l'aumônier qu'il faut que nous voyons à l'œuvre. Il gagne tout d'abord, par la chaire, l'estime de ses élèves. La dignité du maintien, la souplesse de l'organe, le ton de conviction profonde, ces qualités extérieures mises au service d'allocutions familières et pénétrantes, tout en lui captivait l'attention. Son affection et son dévouement, pour le collège Rollin, se manifestaient hautement dans la circonstance plus solennelle où il prenait, chaque année, la parole pour honorer la mémoire des anciens élèves de l'établissement. L'administration supérieure avait tenu à récompenser ce digne fonctionnaire en lui décernant les palmes académiques, au mois de Février 1890, puis en le nommant officier de l'instruction publique, le 14 Juillet 1896.

» Malheureusement M. l'abbé de Meissas souffrait depuis plusieurs années du mal qui devait l'enlever, et une première fois ses forces défaillirent. Obligé de subir un repos provisoire, il alla dans la solitude de sa petite maison d'Issy-les-Moulineaux, recouvrer une apparence de santé qui lui permit de reprendre son ministère; ce ne fut point pour longtemps. Il avait du reste augmenté sa fatigue en poursuivant des travaux de jeunesse auxquels il consacrait tout le temps que lui laissait ses fonctions, heureux de pouvoir exposer ses idées sur la patristique à la section religieuse de l'école des hautes études où il avait obtenu de faire la conférence devenue vacante par suite du départ de M. l'abbé Loisy.

» Depuis quelques semaines le mal avait empiré. Les souffrances toujours supportées avec courage ont été longues, mais la fin a été sereine.

» Il est un sentiment qui devait s'affirmer en ce jour, celui de la reconnaissance. Nous sommes venus, fonctionnaires, parents, et élèves, acquitter cette dette sacrée. En apportant un suprème adieu à notre ancien aumônier, nous déposerons sur sa tombe, comme un témoignage public, rendu à sa mémoire, ces couronnes, et le pieux tribut de notre gratitude ».

LETTRE DE M. A. DE MEISSAS à M. T. BOMMART.

Collège Rollin   Paris, le 3 Novembre 1904.
12, avenue Trudaine   *5, rue Bochart de Saron.*

MONSIEUR,

Je vous suis fort reconnaissant de l'envoi de votre 2ᵉ supplément. Voulez-vous me permettre de vous offrir en retour, mes deux derniers opuscules ?

J'ignore si ce genre d'études peut vous intéresser ; en tout cas, permettez-moi de vous faire remarquer que ce ne sont pas des choses à faire lire à tout le monde, pas même à tous les prêtres ou à tous les religieux, car beaucoup sont trop étrangers à la critique historique pour en tirer quelque bien. Aussi n'y en a-t-il pas un seul exemplaire en vente.

Croyez-moi bien, je vous prie, votre tout dévoué serviteur.

A. DE MEISSAS.

OPUSCULES DE M. A. DE MEISSAS

PROFESSEUR LIBRE DE PATRISTIQUE A L'ÉCOLE DES HAUTES ÉTUDES (Sorbonne)

I. Nouvelle Etude sur l'Histoire des Trois Chapitres.
Extrait des annales de Philosophie chrétienne (Juillet 1904).

II. Le Sénat ecclésiastique de Rome
Extrait des annales de Philosophie chrétienne (Novembre 1904).

Paris, A. Roger et F. Chernovez, éditeurs, 7, rue des Grands-Augustins,
1904

MORIN-BOMMART

———◆◇◆———

BOMMART, Madeleine-Marie-Julie-Andréa, née à Douai, rue de l'Aiguille, le 3 Février 1878.

Mariée, même ville, demeurant 38, rue du Cantelou, le 3 Juillet 1906, T. de la mariée : Raymond-Emile-Gérard Bommart, 45 ans, manufacturier, cousin germain de l'épouse, Marie-Louise-Hermance Bommart, 35 ans, sœur de l'épouse ; du marié : Tariot, Alexandre-Marie-Paul, 43 ans, beau-frère de l'épouse, Harouar de Suarez, comte d'Aulan, Louis-Marie-Roland Robert, 35 ans, ami de l'époux, à

MORIN, Marie-Louis-Henry, peintre-illustrateur, demeurant à Chaville (Seine-et-Oise), fils de Jules-Louis, inspecteur, fondé de pouvoir de la société " Le Crédit Lyonnais ", et de Petiti, Henriette-Julie-Marie, né à Strasbourg, le 21 Janvier 1873.

M. Hanotte, adjoint au Maire de Douai, adressa aux jeunes époux l'allocution suivante :

MADAME,

« Il y a 14 ans, au début de mes fonctions municipales, j'eus l'honneur de prononcer une union dans votre famille. N'est-ce point jouir du plus enviable privilège inhérent à la continuation de notre mandat, que de présider de nouveau à semblable solennité, près de votre père, de vos parents, auxquels je suis heureux d'adresser le témoignage de ma respectueuse sympathie.

» L'alliance que vous contractez, cher Monsieur, vous associe à l'une des plus anciennes familles Douaisiennes dont les loyales traditions remontent si loin dans le passé, qu'elle semble avoir toujours connu l'estime et la considération de la ville entière.

» C'est donc en faisant appel aux souvenirs évoqués par les devanciers, en donnant en exemple à leurs descendants le Sillon qu'ils ont tracé dans la vie, que je me fais un devoir de vous présenter l'hommage officiel de mes vœux de bonheur et de prospérité.

» Je ne saurai, Madame, comme Douaisien, résister au désir de revivre par la pensée les regrettés concitoyens qui tinrent dans la localité une place si grande, et dont le profond attachement aux intérêts publics a laissé parmi nous la vivante empreinte.

» Les fonctions administratives ne furent-elles point presque hérédi- taires dans votre famille. En cet Hôtel de ville, l'un de vos ancêtres nous précéda comme adjoint et Maire, sous le premier empire ; votre aïeul, qui faisait aussi partie de l'Edilité, attacha son nom à la renommée et au développement de nos écoles académiques. Votre grand-père, que j'ai connu également membre de notre assemblée municipale et conseiller d'arrondissement, occupa longtemps la présidence de nos sociétés artistiques et sciences et arts, et de mutualité.

» Je salue encore en votre père, chère Madame, le fidèle gardien de ce patrimoine d'affabilité, de charité, de fidélité au devoir dont vous perpé- tuerez à votre tour au sein de la nouvelle lignée que vous allez fonder les nobles enseignements.

» Vous associez votre existence à celle d'un jeune homme dont les sérieux débuts sont un sûr garant du succès de la carrière. Enfant de notre chère Alsace, élevé à la salutaire école du travail, les traditions paternelles, les fortes études l'ont vaillamment préparé à soutenir les luttes de la vie.

» Je vous complimenterai maintenant, cher Monsieur, d'avoir apprécié en l'aimable compagne de votre destinée, ces séduisantes attractions de l'esprit et du cœur ; cette affinité de sentiments qui présagent l'harmonie de cette vie de chaque jour que vous allez partager.

» Sous ses heureux auspices nous saluons de nos meilleurs souhaits votre entrée dans cette nouvelle étape de la vie ; en nous quittant, chère Madame, le meilleur accueil vous attend dans votre nouvelle famille, mais nous savons que les affections, les attaches laissées dans la cité natale vous ramèneront encore dans la maison paternelle, fidèle gardienne de vos souvenirs d'enfance.

La bénédiction nuptiale fut donnée immédiatement après, en l'église de Notre-Dame, et M. le Doyen de la paroisse adressa aux jeunes époux l'allocution suivante :

MONSIEUR, MADEMOISELLE,

Ce n'est pas sans une profonde émotion que vous vous trouvez en ce moment au pied des autels, en face du représentant de Dieu, chargé de recevoir vos serments, et tous ceux qui vous entourent la comprennent, j'allais dire la partagent.

C'est qu'en effet le sacrement que vous allez recevoir est grand en Jésus-Christ et dans l'église. Ailleurs, vous avez pu vous faire des promesses devant un magistrat civil, stipuler des avantages réciproques, régler des intérêts terrestres, mais vous ne pouvez devenir époux légitimes, ni contracter un véritable mariage, que par l'accomplissement des prescriptions de l'église, et l'intervention de son ministre.

C'est Dieu qui, au commencement, après avoir créé l'homme à son image et à sa ressemblance, dit : il n'est pas bon que l'homme soit seul, faisons lui une aide, une compagne semblable à lui.

Et c'est J.-C. qui rendit plus saint le mariage, déjà si honorable dans la loi ancienne, en l'élevant à la dignité de sacrement. L'unité de l'union conjugale avait été oubliée, Jésus-Christ rappelle cette sainte unité — ils seront deux dans une même chair — l'unité sera si intime en eux qu'ils seront comme deux dans un, ils ne feront qu'un, un seul cœur, une seule âme, un seul corps, une seule vie — jam non duo sed una caro — Donc ce que Dieu a uni si étroitement, que l'homme ne le sépare jamais. La mort seule peut rompre ces liens dès maintenant indissolubles. Les devoirs du mariage vous les avez longtemps médités l'un et l'autre ; qu'il nous suffise de vous les rappeler ici en peu de mots : vous vous devez l'un à l'autre affection, confiance, dévouement réciproque, et inviolable fidélité.

Vous, Monsieur, vous aimerez votre épouse comme Jésus-Christ a aimé l'Eglise pour laquelle il a fait le sacrifice de sa vie. Vous lui resterez à jamais uni d'esprit et de cœur, vous lui servirez de protecteur et d'appui, dans les jours heureux ou malheureux que vous aurez à traverser ensemble.

Tous ces sentiments vous les trouverez naturellement dans votre cœur d'artiste et de chrétien que vous avez si sensible et si bon.

La discrétion et la réserve nous commandent le silence, et nous ne sommes point ici pour donner des éloges; sans cela nous nous étendrions sur l'histoire de votre passé qui nous est une garantie pour l'avenir, et nous dirions que fils de notre chère Alsace, tant regrettée par nos cœurs Français, et enfant de l'Église par votre baptême dans la cathédrale de Strasbourg, vous avez subi, encore au berceau, la dure loi de l'exil, parce que vous étiez le fils d'un père trop catholique et trop Français, nous ajouterions qu'ancien élève de Stanislas, d'où sont sortis tant d'hommes de caractère, vous avez toujours mis en pratique les solides enseignements de vos maîtres si distingués, et nous terminerions en vous félicitant d'avoir mérité l'estime et la considération de vos concitoyens de Chaville, votre pays d'adoption, puisqu'ils vous ont élu dans le Conseil communal de leur cité.

Et vous, Mademoiselle, vous aimerez votre époux comme l'Église aime et honore Jésus-Christ, vous l'aimerez comme votre chef et votre soutien, prévenant ses moindres désirs, heureuse de son bonheur, et partageant ses peines comme il partagera les vôtres, en les adoucissant par toutes les amabilités qui sont l'apanage de votre sexe.

Si le Bon Dieu, dont les desseins sont insondables, vous a privée dès l'âge le plus tendre des caresses maternelles, n'avez-vous pas été préparée au rôle que vous devez remplir dans le mariage par une éducation aussi solide que brillante. Ces sentiments vertueux qui font la véritable femme forte dont parle l'évangile, ne les avez-vous pas puisés au contact d'une sœur toute dévouée que vous ne quitterez maintenant qu'avec regret, et qu'avec la certitude de la revoir souvent. N'avez-vous pas grandi sous la paternelle sollicitude de celui qui, après avoir été frappé si inopinément dans ses affections d'époux, a consacré toute sa vie à faire le bonheur de ses enfants. Lui aussi vous laisse un nom justement estimé et rempli d'honneur.

Issu d'une famille qui a occupé depuis plus de cent ans, de père en fils, des fonctions honorifiques dans toutes les sociétés utiles instituées à Douai, n'est-il pas lui-même Président du Conseil d'administration de la Caisse d'Epargne !

Juge intègre au Tribunal de Douai jusqu'en 1883, il dut briser sa carrière de magistrat avec tant d'autres de ses amis, et quitter la toge, à l'époque tristement célèbre de l'épuration de la magistrature.

A notre vénéré président du Conseil de fabrique de Notre-Dame, en ce jour nos félicitations les plus vives et nos sympathies reconnaissantes ! et vous, Mademoiselle, soyez fière et restez toujours digne d'un tel père.

Et maintenant, Monsieur et Mademoiselle, après avoir reçu vos engagements et béni votre union, nous allons former des vœux pour votre bonheur, en redisant avec l'Église :

« Que le Dieu d'Israël vous unisse, qu'il soit avec vous, celui qui a eu pitié des deux premiers époux. Faites, Seigneur, qu'il vous bénisse de plus en plus, que votre épouse soit dans l'intérieur de votre maison, comme une vigne fertile, que vos enfants soient autour de votre table comme de jeunes plants d'olivier. Daignez, Dieu tout-puissant, recevoir dans votre protection, l'alliance établie par votre Providence. Conservez dans une longue paix ceux que vous unissez par un lien légitime, que le Dieu d'Abraham, d'Isaac et de Jacob soit avec vous, qu'il vous comble de sa bénédiction. Puissiez-vous avoir la consolation de voir les enfants de vos enfants jusqu'à la 3e et 4e génération, et, à la fin de votre pèlerinage, jouir de la vie éternelle par les mérites de Notre-Seigneur Jésus-Christ. Amen. »

La quête fut faite par Mlles Geneviève Faure et

Elisabeth Morin, accompagnées par MM. Paul de Bailliencourt et Auguste Le Sourd.

Pendant la cérémonie, M. Heisser, professeur de violon à l'Ecole Nationale de musique, exécuta le mélodrame de Piccolino, de Quiraud, et l'Arioso de Haëndel. M. Inslegher, professeur de violoncelle audit conservatoire, joua le largo d'Haëndel, puis, ensuite, fut exécuté l'andante d'un trio de Mendelshon, pour violon, violoncelle et orgue. L'orgue était tenu par M. Henri Delahaye, organiste de la paroisse qui, au moment de la sortie du cortège, joua la marche de Lohengrin, de Wagner.

De ce mariage :

Geneviève-Marie-Elisabeth, née à Paris, 9, avenue de Breteuil, VII⁰ arrond., le 28 Mai 1907, à 11 heures du matin, B. paroisse Saint-François-Xavier, le 30, à 3 heures après-midi. P. Arthur-Alexandre-Bommart, grand-père maternel, M. Elisabeth-Marie-Henriette Morin, tante paternelle.

90   # WAROCQUIER-LECQ

—⋅⋅⋆⋅⋅—

LECQ, Marie-Louise, née à La Longueville, le 17 Mai 1883.

Mariée, même commune, le 24 Juillet 1906, T. Joseph Vasse, oncle de la mariée ; Paul Lecq, frère ; Joseph Bocquet, cousin du marié ; Emile Poitau, à

WAROCQUIER, François-Jules-Oscar, brasseur à Anor, né à Orchies, le 8 Décembre 1871, fils d'Oscar, et de Julia Despret.

« Le mariage de M. François Warocquier, brasseur à Anor, et M¹¹ᵉ Marie-Louise Lecq, fille de M. Georges Lecq-Jean, brasseur à La Longueville, près Bavai, a été célébré mardi à La Longueville, au milieu d'une nombreuse assistance.

» Les témoins étaient, pour le marié : MM. Emile Poitau et Joseph Bocquet ; pour la mariée : MM. Paul Lecq et Joseph Vasse-Lecq.

» M. l'abbé Gustave Sueur, curé de La Longueville, prononça une éloquente allocution, et, à l'issue de la messe, remit aux époux un télégramme de Rome, accordant à leur union, la bénédiction du Souverain pontife.

» La cérémonie avait le caractère d'une belle et digne réjouissance publique. Toute la commune de La Longueville, où se conservent intactes la charmante simplicité, la touchante familiarité des usages d'autrefois, était en fête. La place et les rues étaient décorées et pavoisées, la fanfare municipale précédait le cortège autour duquel s'avançaient, en haie bien ordonnée : à droite, la Société des jeunes gens, à gauche, la Société des jeunes filles de la localité. Ces diverses Sociétés furent réunies en des banquets, à la suite desquels la musique municipale organisa un concert public dans la cour de la Brasserie de M. Lecq, et le soir, pour clore la fête, un grand bal fut offert à la jeunesse de La Longueville ».

Journal *La Dépêche*, Nᵒ 208, du vendredi 27 Juillet 1906.

De ce mariage :

Geneviève, née à Anor, le 15 Juillet 1907,
P. Georges Lecq, son grand-père, M. Mme Julia
Poitau, sa grand-mère.

65-77   ABRIAL DE MÉRIC DE BELLEFON

———⋙∘⋘———

ABRIAL, Jean-Marie-Charles, Enseigne de vaisseau, sur le Pothuau, à Toulon.

Marié en 2mes noces à Montauban, le 7 Février 1907 ; T. du marié : M. Le Bris, capitaine de vaisseau, commandant le Pothuau, à Toulon, et Charles de Malvin de Montazet, oncle ; de la mariée : Joseph de Méric de Bellefon, lieutenant de dragons, frère, et M. de Méric de Bellefon, colonel en retraite, son oncle à la mode de Bretagne, à

DE MÉRIC DE BELLEFON, Marguerite-Marie, née à Montauban (Tarn-et-Garonne), le 8 Septembre 1884, fille d'Aloys, ancien magistrat, et de Louise Fraysseix de Veyvialle.

La bénédiction nuptiale fut donnée le même jour, en l'église St-Jacques.

De ce mariage :

Raymond-Louis-Marie, né à Toulon, avenue Vauban, 12, le 17 octobre 1907.

109

CREPY-BERNARD

—✕✕—

CREPY, Edouard-Charles, décédé subitement, en sa demeure, 36, rue du Tyrol, à Bruxelles, le 25 Mai 1907, inhumé le 29, au cimetière du Sud, à Lille, dans le caveau de famille.

CREPY, Edouard, en 1899, alla se fixer à Bruxelles, où son intelligence et sa compétence en affaires, lui créèrent, bien vite, de hautes relations. C'est ainsi qu'il devint Vice-Président de l'association des Inventeurs belges, et fut admis, comme membre et expert, à la Chambre de Commerce de cette ville.

C'est en termes qui permettent de juger en quelle estime elle tenait son Vice-Président, que l'association des Inventeurs belges témoigna à sa veuve ses sentiments de sympathique et douloureuse condoléance.

128-9 PROYART, Louise

———— ◦ ————

PROYART, Louise, Chanoinesse de St-Augustin, en religion, mère Marie-Paule, décédée à Bruxelles, le 25 Mai 1907, inhumée le 30, au cimetière de Douai.

164-64   # TOLLEMACHE-SCHEPPERS

—◆◆◆—

TOLLEMACHE, Catherine-Eliza, née à Pough-
keepsie, état de New-York, le 19 Septembre 1821.

Décédée à Montauban (Tarn-et-Garonne), le 1er
Juillet 1907.

115-116   # WALLAERT-CREPY

———✕✕———

Les mémoires de la Société d'Etudes de la province de Cambrai, contiennent, pages 630 et 631, la mention suivante :

ÉGLISE DE LA MADELEINE-LEZ-LILLE.

INSCRIPTION SUR MARBRE BLANC, CHAPELLE DU SACRÉ-CŒUR.

A la mémoire de M. et Mme Wallaert-Crepy, fondateurs et donateurs de cette église, dont la première pierre a été posée et bénite par Monseigneur Henri Monnier, évèque titulaire de Lydda, Vicaire général, le 2 Juillet 1883, et qui a été consacrée par Monseigneur François-Edouard Hasley, archevèque de Cambrai, le 15 Novembre 1885.

Cette église a été donnée à la commune de La Madeleine, à la condition d'être affectée exclusivement à perpétuité au culte catholique romain.

Dans la crypte de N.-D. de la Treille, parmi les inscriptions funéraires de la chapelle St-André, on remarque : Pierre de la famille Scrive-Wallaert.

Le sujet du monument : Saint-André refuse de sacrifier aux idoles devant le proconsul Egée.

Famille Scrive-Wallaert.

BOSELLI-SCRIVE

———— ✕✕ ————

BOSELLI, Paul, ancien auditeur au Conseil d'État, commandeur de l'ordre de Pie IX, décédé à Paris, en son hôtel, cours la Reine, 32, le 6 Juillet 1907, inhumé le Jeudi 11, au cimetière du Sud, à Lille, dans le caveau de famille.

Extrait de la *Dépêche*, N° du Lundi 8 Juillet 1907.

« Une triste nouvelle nous est parvenue dans la matinée de samedi : M. Paul Boselli est mort subitement, dans la nuit de vendredi à samedi, en son hôtel du cours la Reine, à Paris.

» Les parents et les nombreux amis personnels ou politiques du défunt apprendront avec la plus vive douleur cette mort, qui, dans les circonstances où elle s'est produite, n'était attendue de personne.

» Il y a quelques semaines en effet, M. Paul Boselli qui, malgré ses soixante-sept ans, était resté très vert, très alerte et excellent cavalier, faisait au Bois de Boulogne, sa promenade quotidienne. Avenue Henri-Martin, son cheval fit un brusque écart, et M. Boselli, fut précipité la tête en avant, sur le rebord du trottoir. Relevé évanoui, il fut reconduit à son domicile et, pendant plusieurs jours, son état inspira les plus vives inquiétudes. Grâce à la science de son médecin, et aux soins dévoués dont il fut entouré par Mme Boselli, par son personnel domestique, le blessé s'était remis lentement, et, pensait-on, complètement. Il n'attendait qu'un retour de l'été pour aller se remettre à la campagne, et il avait demandé à s'entretenir avec ses amis que les prescriptions du médecin avaient jusque-là, tenus éloignés.

» Vendredi dans la soirée, l'état de M. Boselli paraissait aussi satisfaisant que possible et il se coucha fort gai ; au milieu de la nuit, une crise imprévue et d'une rapidité foudroyante se produisit, on courut chercher M. l'abbé Thellier de Poncheville, qui demeure dans le voisinage, mais en une demi-heure tout était fini, et le prêtre arriva trop tard pour prodiguer les secours religieux à ce chrétien vaillant et généreux.

» M. Paul Boselli était le fils d'un haut fonctionnaire de l'empire, qui occupa notamment les préfectures de Toulouse et de Versailles. Lui-même fut dans sa jeunesse, auditeur au Conseil d'État où il marqua son passage par un sens très droit des affaires, et une charmante affabilité qui était la marque distinctive de son caractère.

» Par son mariage avec Mlle Marie Scrive, fille de M. et Mme Scrive-Wallaert, M. Boselli était devenu Lillois et nul ne fut plus que lui, attaché à sa patrie d'adoption par l'affection et par le dévouement aux hommes et aux choses de notre région. Il s'efforçait de passer dans notre ville tout le temps dont il pouvait disposer, et il y revenait toujours avec une joie qui n'avait d'égale que celle éprouvée par tous ses parents et amis de revoir cet homme excellent et digne.

» Aidé par une femme qu'il associait à toutes ses pensées et intéressait à tous ses actes, il avait pour toutes les œuvres religieuses sociales et politiques la main aussi largement ouverte que le cœur, et la manière dont il donnait, doublait encore le prix de ce qu'il donnait. Tous ceux qui ont été en relation avec lui apprécieront ce que vaut cet éloge. Nul, sauf Dieu, ne saura la grandeur de sa générosité, et ne connaîtra qui en furent les bénéficiaires discrètement et courtoisement accueillis. A Lille, à Ennevelin, où il était grand propriétaire foncier, à Versailles, où il possédait le superbe château de Fausses-Reposes, à Paris, il était une véritable Providence.

» Doué d'un sens politique très sûr, il était de ceux, trop rares hélas ! qui comprenaient l'obligation qui s'imposait à tous les bons Français de considérer le devoir civique comme le premier des devoirs. Son concours le plus large, au point de vue financier, et, ce qui est aussi rare, au point de vue personnel, ne fut jamais marchandé à l'action politique, et notamment à la Presse. Administrateur de la société du " *Nouvelliste* ", et de la " *Dépêche* " de la société de la presse régionale, de la société de la " *Presse Française* " qui avait acquis les journaux la " *Patrie* " et la " *Presse* ", il se multipliait réellement, et semblait pressentir que Dieu compterait ses jours ; on aurait dit qu'il voulait les doubler par une activité marchant de pair avec une modestie admirable.

» On permettra à l'un de ses plus modestes collaborateurs de cette œuvre de la défense par la presse, de ce qui nous est cher, de venir rendre ici un hommage respectueux et ému à l'homme que la volonté de celui qui récompense vient de nous enlever trop hâtivement pour ceux qui restent, et qu'il ne soutiendra plus de son exemple, de sa bonne et franche parole, de ses conseils dont la douceur accroissait l'autorité.

» Puissent l'expression de ces regrets, et surtout le deuil général, apporter à Mme Boselli-Scrive, et à toute la famille du défunt, un allègement à leur douleur.

» M. Paul Boselli a passé en ne faisant que le bien ».

Henri LANGLAIS.

Extrait du journal la Presse.

« Nous apprenons avec regret la mort de M. Paul Boselli, ancien auditeur au Conseil d'État, commandeur de l'ordre de Pie IX, décédé la nuit dernière, en son hôtel du cours la Reine, des suites d'un accident de cheval ; il était âgé de 66 ans. Le défunt était le fils de M. Priamar Boselli, qui fut longtemps Préfet sous le second empire, et de Mᵐᵉ Boselli, fille du baron Lespérut. Il avait épousé Mˡˡᵉ Scrive, de Lille, et comptait dans cette ville de nombreux amis.

» Il était cousin du comte Boselli, ancien magistrat, et sa famille était originaire de la Lombardie, où elle était connue depuis longtemps.

» M. Boselli avait consacré sa vie et sa fortune, à soutenir et à encourager de nombreuses œuvres charitables et sociales, à Paris, et dans toute la région du Nord.

» Très répandu dans la haute société parisienne, M. Paul Boselli, dont l'affabilité et la bonté étaient exquises, laisse parmi tous ceux qui le connaissaient des regrets unanimes.

» Ses obsèques auront lieu mardi, à 10 heures et demie, à Saint-Pierre-du-Chaillot.

» L'inhumation se fera à Lille ».

Extrait du journal la *Dépêche*, du jeudi 11 juillet 1907.

OBSÈQUES DE M. PAUL BOSELLI, A PARIS.

» Les obsèques de M. Paul Boselli, ancien auditeur au Conseil d'Etat, administrateur de la Presse Française, et de la société le " *Nouvelliste* " et la " *Dépêche* ", commandeur de l'ordre de Pie IX, ont été célébrées mardi matin, à 10 heures et demie, à Paris, au milieu d'une nombreuse assistance.

» Le cortège s'est formé au domicile mortuaire, 32, Cours la Reine, où une superbe chapelle ardente avait été élevée aux armes du défunt. Le deuil était conduit par MM. le comte Boselli, Paul Boselli, Albin Rozet, Gustave Scrive, Crépy-Scrive, Dujardin-Scrive, Paul, Émile et André Scrive, Charles Roussel, Descamps-Scrive, cousins germains du défunt.

» Le cortège s'est rendu à l'église Saint-Pierre de Chaillot où la cérémonie religieuse a eu lieu. La messe a été dite par M. l'abbé Riss et l'absoute a été donnée par M. l'abbé Allès, premier vicaire qui avait fait la levée du corps.

» Au cours de la messe en plein chant, la maîtrise, sous la direction de M. Letorey, maître de chapelle, grand prix de Rome, s'est fait entendre, à l'élévation M. Plamondon a chanté le Pie Jesu de Stradella.

» Au premier rang des assistants nous avons reconnu M. Paul Leroux, sénateur, Grousseau, Georges Vaudame, Jules Dansette, députés, Henri Langlais, général Zurlinden, comte d'Eu, comte de Beauregard, comte de Gironde Luzarche, d'Agay, duc de Coigny, vicomte Robert de Rouge, comte de Palikao, baron Girod de l'Ain, Maurice Levert, Paul Gaulot, vicomte de France, J. Auffray, vicomte de Beaufranchet, marquis de Rochegude, marquis de Nadaillac, René d'Hérouel, Firmin Royer, Léon Desrousseaux, vicomte d'Arjuzon, Pierre Quentin Bauchart, Pierre de

St-Sauveur, comte de Maupeca, Ch. Jolibois, vicomte de Grammont. comte Hubert d'Hespel, Pierre de Vienne, J.-J. Weerts, marquis de Biliotte, de Soubeyran, Léon Le Vavasseur, G. de Praville, comte Ferri du Ludre. Maurice Hachette.

» MM. le duc Fery d'Esclands, comte Boisse Adrian, général baron Sancy de Rolland, Paul Corbin, vicomte de Cazes, Sargenton, comte de Joybost baron de Boulemont, Ferdinand Bischoffsheim, comte de Nalèche. général de la Celle, Bricart, Maurice Girod de l'Ain, comte d'Hunolstein, de Verneuil, comte du Plessis, d'Orgentre, Jacquot, vicomte de Grouchy, marquis d'Aramon, Pierre de Margerie, vicomte de Villebois-Mareuil. André Falize, baron Joseph du Teil, Charles Féré, Fernand de Valroger, comte de Pontarvice, baron Jules Evain, Marcel Habert, Emile Massard, Debusschère, etc., etc....

» Après la cérémonie religieuse, le corps a été déposé dans les caveaux de l'église St-Pierre de Chaillot, en attendant qu'il soit transporté à Lille, où, ainsi que nous l'avons annoncé, l'inhumation aura lieu ».

Extrait du journal la *Dépêche*, N° du Samedi 13 juillet 1907.

OBSÈQUES DE M. PAUL BOSELLI, A LILLE.

« Les funérailles de M. Paul Boselli, célébrées jeudi à midi, en l'église St-André, à Lille, ont revêtu un caractère d'imposante et simple grandeur.

» La chapelle ardente avait été dressée dans le grand vestibule de l'hôtel de la rue Royale.

» La levée du corps a été faite par M. le chanoine Richard, entouré du clergé de la paroisse.

En tête du cortège funèbre marchait la bannière cravatée de crêpe, de la société de secours mutuels des cochers et gens de maison, dont le défunt était membre bienfaiteur.

« Précédant le cercueil, 2 serviteurs portaient les armes des Boselli :

« *De sinople au bœuf d'or galopant, sur lequel est un guerrier, l'épée haute, au naturel, le tout surmonté de la couronne comtale* ».

» Le deuil était conduit par MM. le comte Paul Boselli, Albin Rozet, Jacques Boselli, Scrive-Viseur, André Scrive, Emile Scrive, Conseiller général du Nord, Gustave Scrive, Roussel-Scrive, Descamps-Scrive, cousins germains du défunt.

M. le chanoine Ponceau, secrétaire particulier de Mgr le coadjuteur de Cambrai, avait été spécialement délégué pour représenter Monseigneur Delamaire.

» Remarqué dans la nombreuse assistance : MM. Bonte, et les comtes Thellier de Poncheville et. Montalembert, anciens députés, Vandame,

Dansette et Delaune, députés, Danchin, Binauld, Dehau, Gossart, conseillers généraux, Guilbaut, Demesmay, Franchomme, conseillers d'arron-
dissement, Charles Delesalle, maire de Lille, Brackers-d'Hugo, Laurenge,
Baudon, Duburcq, adjoints au maire, Dambrine, Legrand, Hermant,
Rémy, conseillers municipaux, Le Vaillant de Jollain, maire de Bersée,
le comte d'Hespel, maire de Fournes, Charles Maurice, maire d'Attiches,
Charles Bernard, maire de Santes, le général comte de Germiny, le
commandant Delannoy, Benoit, chef d'escadron au 6e chasseurs à cheval,
Mgr Baunard, Recteur des Facultés catholiques de Lille, les chanoines
Vandame, Carton, archiprêtre de St-Pierre-St-Paul, MM. Charles Barrois,
membre de l'Institut, Auguste Fauchille, Boyer-Chammard, Eugène
Delemer, Chesnelong, anciens batonniers, Venot, consul d'Espagne,
Vaillant, consul de Perse, Le Blan, Wargny, membres du Tribunal de
Commerce, Paul Féron-Vrau, directeur de la « Croix », Henri Langlais,
rédacteur en chef du « Nouvelliste » et de la « Dépêche », Jules Duthil,
l'abbé Masquelier, directeur de la « Croix du Nord », Le Gall, trésorier
payeur général, Alfred et Louis Thiriez, Célestin Cordonnier, Maurice,
Jean et Joseph Bernard, Pierre Scalbert, Maurice Vanlaer, Ory, docteur
Lemière, professeur aux Facultés libres de Lille, Druez, commandant
honoraire des sapeurs-pompiers, Henri Loubry, directeur de la succursale
de la Banque de France, Parenty, directeur des manufactures de l'Etat
du département du Nord, Bigo-Danel, Edmond Faucheur, Président du
Tribunal de Commerce, Edouard Descamps, Jonglez de Ligne, le baron
Casier, le comte de Beugny d'Hagerue, le baron Albert de Vilmarest, le
baron Guillaume des Rotours, le Gonster, inspecteur principal de la
Compagnie du chemin de fer du Nord, Lecocq, chef de division à la Préfecture, Jean Joire, Vivier des Vallons, commissaire central, le docteur
Wintrebert.

» Après le service religieux, le corps de M. Boselli a été conduit au
cimetière du Sud, où l'inhumation a eu lieu, dans le caveau de la famille.
Suivant la volonté du défunt, aucun discours n'a été prononcé. »

Extrait des *Facultés Catholiques de Lille*, N° 8, Août 1907.

« Mes premiers souvenirs sur M. le comte Paul Boselli ne me repré-
sentent guère de lui, que le nom avec l'image lointaine. Ils me reportent
à tel jour d'Orléans, il y a de cela plus de cinquante années, où je
m'arrêtai, rue Jeanne d'Arc, devant une vitrine où était exposé un groupe
de deux enfants, d'une dizaine d'années, à la mine éveillée, aux traits
fins, deux têtes de race. Elles avaient été modelées par un de nos meilleurs artistes, Lanson, je crois, un prix de Rome. On m'apprit que
c'étaient les portraits des deux jeunes fils de notre Préfet d'alors,
M. Boselli. Je ne les connaissais pas.

» Je les connus, ou du moins, les entrevis bientôt, à l'évêché d'Orléans.
Les deux frères venaient y prendre des leçons d'instruction religieuse
auprès d'un jeune prêtre de distinction, M. l'abbé Nollin, dont j'étais

10

l'auxiliaire, ou, pour mieux dire, l'apprenti, dans l'œuvre des catéchismes réorganisés à la paroisse et cathédrale de Sainte-Croix. C'était Mgr Dupanloup, lui-même, qui, gracieusement, avait donné son brillant et cher secrétaire particulier pour catéchiste aux fils de son Préfet, alors presque son ami.

» Le jeune maître s'attacha beaucoup à ces deux enfants d'espérance, qu'il prépara à leur première communion. A 80 ans passés, M. le chanoine Nollin, mort seulement il y a trois ans, ne me rencontrait jamais, aux vacances, sans m'interroger tendrement et pieusement sur celui de ses deux anciens élèves qu'il savait à Lille. Je n'avais pas moins d'empressement et de joie à lui répondre, car je pouvais lui assurer que, non seulement l'enfant d'autrefois était un homme, mais un parfait gentilhomme, un grand homme de bien, et son jeune néophyte, un très bon chrétien.

» C'était dans les premières années de l'empire que la Préfecture et l'Evêché vivaient en ce bon voisinage. Bientôt la politique les divisa. C'est sa fatale spécialité de désunir les hommes les mieux faits pour s'estimer, et se rapprocher. M. Boselli dut quitter Orléans, non sans avoir eu à y souffrir. Mais lui et Mme Boselli y avaient fait digne et bonne figure. Et ils en emportèrent la juste considération de tous ceux qui savent placer l'estime des personnes, et la reconnaissance des services, au-dessus et à l'écart des dissidences d'affaires, et des conflits de partis.

» La famille Boselli est originaire de Bergame, qui lui doit un hôpital, fondé par ses charités. Les armes sont : « de Sinople au bœuf effarouché d'or, monté par un cavalier armé de toutes pièces, le casque panaché, et tenant une épée haute, le bout d'or ». Lorsqu'en 1805, le prince Eugène de Beauharnais fut créé vice-roi d'Italie, les Boselli, par intelligent patriotisme, secondèrent activement le fils adoptif de l'empereur dans les transformations et l'administration d'un état qu'il fit, en neuf années, le plus prospère de la péninsule. Mais, plus attachés à la personne qu'à la fortune du prince, ils furent de ceux très rares qui ne l'abandonnèrent pas aux heures mauvaises de l'empire. En 1814, la famille Boselli passa en France et devint Française.

» C'est sous le second empire que M. Bénédetto Priamar Boselli devint Préfet d'Orléans, de Toulouse, et de Versailles. Après de bonnes études dans la première de ces villes, son fils Paul, né à Paris en 1847, y fit son droit en vue du Conseil d'Etat. Il y était entré, en qualité d'auditeur, lorsqu'un magnifique mariage se présenta pour lui dans le Nord.

» Ce fut à Lille que M. Paul Boselli épousa Mlle Scrive-Wallaert, d'une de ces premières familles qui y sont l'aristocratie du grand travail et des affaires. Profondément unis de foi et de religion, M. et Mme Boselli apportaient dans leur mariage les mêmes traditions familiales d'honneur chrétien, et les mêmes goûts de largesse et de charité, avec les moyens de les satisfaire. Nous ne pouvons oublier particulièrement ici, combien grandement notre séminaire académique de Lille est redevable à leur tante, Mme Wallaert-Brame, morte pieusement, religieuse des Dames de l'Adoration réparatrice de la rue d'Ulm.

» Le mariage amena, dès la seconde année, la démission de l'auditeur au Conseil d'État. A partir de là s'ouvre pour lui une existence partagée entre Lille et Versailles d'abord, puis, entre Lille et Paris, où il se fit construire, cours la Reine, un grand et bel hôtel. A l'automne, il se rendait pour ses réunions de chasse, dans sa campagne d'Ennevelin, près Lille, au sein d'une population ouvrière qu'il eût voulu conquérir toute entière au bien, par ses institutions et ses bienfaits. Du moins, à sa mort, Mᵐᵉ Boselli en reçut-elle, pour la déposer sur cette tombe, une adresse significative. Elle portait, dans un témoignage de reconnaissance et d'inaltérable souvenir, les fidèles sentiments de près de deux cents familles envers celui qui n'était plus.

» Le comte Boselli n'oubliait pas son Italie. Il y fit de fréquents voyages ; et à chacun, il se rendait aux pieds du souverain pontife, pour des audiences particulières, où il lui présentait, avec son offrande opime, les protestations d'un cœur profondément catholique Romain. Il était chevalier de l'ordre de St-Grégoire le Grand et, tout récemment, Pie X lui confiait une mission personnelle, relative aux difficiles et douloureuses affaires de l'Eglise de France.

» A Paris, c'était le grand Seigneur. En relations avec le monde de la haute aristocratie et celui de la politique libérale et conservatrice. M. Boselli y vivait très mêlé au mouvement de l'opinion et des idées. Il aimait les arts, dont il avait, non seulement le goût comme tout Italien, mais l'intelligence pratique. Il accueillait les artistes et les encourageait, il les visitait dans ses voyages en Italie, réservant toutefois ses commandes pour les français. Entre les différents styles de l'art national, celui de l'époque de Louis XIV l'attirait jusqu'à le passionner. C'est dans ce grand et beau style du XVIIᵉ siècle qu'il avait construit, orné, meublé, son magnifique hôtel du cours la Reine, 32, où il recevait noblement une société d'élite, en communion d'esprit et de sentiments élevés et distingués avec lui.

» Chez lui, l'homme du monde n'enlevait rien à l'homme de foi. Au sein de cette somptuosité, M. Boselli restait un chrétien antique, de stricte observance, c'est ainsi que, fidèle à tout le devoir religieux, on le voyait s'assujettir exactement à chacun des jeûnes prescrits par l'Eglise, ne manquant jamais d'ailleurs en voyage, à table d'hôte, partout où il se trouvait, d'observer comme chez lui les jours d'abstinence, ouvertement, ostensiblement, faisant de cet acte public un exemple obligé et une profession de foi. A Lille, dont il faisait son principal séjour, il fut membre du conseil de la fabrique de sa paroisse, et il demeura Président général du comité paroissial d'hommes jusqu'à la fin de ses jours.

» J'ai hâte d'ajouter : au sein de cette vie de mouvement incessant et d'extériorité, équitation, chasses, voyages, réceptions, M. Boselli ne perdit jamais de vue le double service de son pays et des œuvres. Il était à la tête de nos comités électoraux, suscitant, provoquant, présidant des conférences, inspirant, patronant, assistant, répandant largement les journaux du parti conservateur chrétien. L'on n'estime pas à moins de cinquante mille francs la somme qu'à chaque élection il consacrait au succès de la bonne cause dans cette capitale affaire.

» La presse et les écoles, telles furent les deux œuvres principales vers lesquelles M. Boselli fit converger ses plus constantes et plus généreuses libéralités. Mais disons d'abord que, dans tout bien, quelqu'en fût l'objet, Mme Boselli eut constamment la main dans la main de son mari, comme le cœur près de son cœur. Elle ne fait qu'un avec lui. Et si, le plus souvent, elle lui laisse l'initiative de l'œuvre, elle en prend elle-même une égale sollicitude, et souvent elle en assume la plus grande charge.

» La Presse donc, s'il est vrai, comme Pascal le dit que — l'opinion est reine du monde — la presse aujourd'hui est bien son premier ministre. M. Boselli s'en rendait compte : c'était le grand levier dans sa main. Actionnaire important de l'Eclair, coopérateur très généreux de la Presse nouvelle (Agence d'informations), Vice-Président de la Presse régionale, pour la création ou reprise de grands journaux dans les différentes régions de la France, Président, puis Vice-Président de la Presse Française (Patrie et Presse) administrateur de la Dépêche de Lille, fondée par la famille de son épouse, etc., etc. Il n'est pas d'organe de saine publicité auquel M. Boselli n'imprime le mouvement dès qu'il le croit utile et efficace.

» Et les Ecoles ! Longtemps propriétaire d'une belle et grande campagne à La Madeleine-lez-Lille, M. et Mme Boselli, s'inspirant de l'exemple des Scrive et des Wallaert, y entourent d'écoles et d'une communauté de sœurs garde-malades, la belle église neuve et bâtie par ces chrétiens. Quand les congrégations sont spoliées et chassées, M. Boselli rachète les biens volés et reconstitue les œuvres à ses frais. A St-André il a fondé, par deux achats successifs, deux écoles de filles. De plus, en prévision des exils prochains, la même main prépare, aux exilés, un refuge sur l'autre frontière, c'est bien le « vince in bono malum ! »

» A propos d'écoles, je ne sais comment rappeler certaines de ses gracieuses munificences à l'égard de notre université. Un jour, il y a dix ou douze ans, M. Boselli m'appelant chez lui, me fit voir, dans une salle désaffectée de son hôtel de la rue Royale, un splendide mobilier dont, dit-il, volontiers il se déferait à bon compte.... Mais quel compte ? Il sourit. Dans la même semaine arrivaient chez nous, lustres, candélabres, cheminée, marbres, bronzes, horloge, etc., de ce grand style Louis XIV, de qui ils n'eussent pas déparé le palais, et qui durent se contenter des quatre murs monastiques de notre salle du Conseil, laquelle aujourd'hui ne se reconnaît plus elle-même dans ce vêtement royal. Nous n'eûmes qu'à remercier. Tel était le gentilhomme chez M. le comte Boselli.

» Est-il besoin de dire qu'il ne s'en tenait pas là de ses bontés pour nous, et que, pour cet insigne bienfaiteur des Ecoles, nous fûmes et nous sommes encore la grande école.

» Je ne dis rien non plus de son apport aux grandes constructions d'églises, sa participation à l'œuvre de Notre-Dame-de-la-Treille, où sa famille, depuis peu, a sa pierre tumulaire sur les parois de la crypte. Ni ses achats de terrain à Montmartre, pour l'isolement de la Basilique du Sacré-Cœur, etc., etc.

» M. Boselli possédait beaucoup, n'ayant pas d'enfant il pouvait donc beaucoup donner. Ainsi le voulait-il. Homme du monde, il fit au monde sa part, sa belle part : mais très large aussi fut celle que nos pères nommaient la « part Dieu », le retour fait à Dieu d'une partie des richesses que Dieu nous a prêtées.

» Il ne se contentait pas de donner de son bien, il donnait de son cœur. Sa charité était aimable, discrète, prévenante, cachée et silencieuse. Tout ce bien ne faisait pas de bruit. Il était accessible aux humbles, aux nécessiteux, aux affligés, toujours disposé à rendre service à qui le demandait de lui — ce charme d'une nature sympathique et distinguée qu'il possédait à un haut degré — comme on l'a dit de lui, il ne la réservait pas uniquement à son entourage d'amitié, de parenté ou de société, mais il la faisait pareillement rayonner sur ceux de sa maison, et tous l'ont aimé en le servant.

» Dans ce service de bien, M. Boselli ne fut pas de cette armée régulière des hommes d'œuvres dans laquelle s'étaient enrôlés tous les catholiques militants de Lille et de la région ; cette milice qu'on y a vu cinquante ans, recrutée, disciplinée, mobilisée, conduite par ses chefs, et récemment par M. Vrau, faire de si belles campagnes ! M. Boselli est bien avec eux d'esprit et de cœur, il marche parallèlement à eux et au même but. Mais il ne prend pas rang dans leurs lignes. Il combat hors cadre, en partisan, au service de la même cause, mais par ses propres moyens, et sous ses propres couleurs.

» M. Boselli allait avoir 66 ans, mais ni sa santé, ni ses traits jeunes encore n'en laissaient rien paraître, quand le lundi de la Pentecôte, 20 Mai, une chute de cheval mit ses jours en péril mortel. Après huit semaines de traitement on croyait le danger conjuré quand, le 6 Juillet, une crise soudaine l'enleva en quelques instants. Quand arriva le prêtre, M. Thellier de Poncheville, son voisin et ami, il venait d'expirer.

» Sur la tombe de ce chrétien bienfaiteur, la foi lève son voile et éteint son flambeau : c'est le jour qui brille ! il voit, l'espérance se dresse, sourit, en montrant le lieu où tout revit, se paie et se retrouve. Et la charité s'incline pour écrire ce « Bene merenti » des catacombes, qui est à la fois ici notre souvenir, notre hommage, notre remerciement, notre adieu et notre prière « Bene merenti ».

L. BAUNARD.

Sous ce Titre « *Étude sur une Famille de la Lombardie* », l'éditeur A. Hennuyer, rue Darcet, 7, à Paris, a publié, en 1881, une Généalogie de la famille Boselli, signée J. B., qui établit l'origine commune des familles Bossi, Boselli, Cavalcabo.

93-11 THELLIER DE LA NEUVILLE PIERON

————◦◦◦————

THELLIER DE LA NEUVILLE, Pierre - Henri - Victor, né rue d'Angleterre, 41, le 17 avril 1881, T. Albert Mullier, et Henri de Prins, négociants.

Marié à Paris, le 9 juillet 1907, Ingénieur des Ponts-et-Chaussées, y demeurant, rue des Saints-Pères, Nº 3. Témoins du marié : Olivier, Victor-Henri-Dieudonné, Docteur en médecine, Médecin-honoraire des hôpitaux, Chevalier de la Légion d'Honneur, aïeul ; Thellier de la Neuville, Henri-Eugène-Paul, Ingénieur des arts et manufactures, E.C.P. frère ; de la mariée : Bellaigue, Antonin, ancien président de l'ordre des avocats au Conseil d'Etat, administrateur des chemins de fer du midi, chevalier de la Légion d'honneur, oncle ; Alquier, Jules, Ingénieur-agronome, demeurant rue Bernuschi, beau-frère, à

PIERON, Renée-Julie-Sophie-Eugénie, demeurant à Paris, rue Ampère, 49, XVIIᵉ arrondissement, née à Lille, le 16 mai 1886, fille de Louis, ingénieur en chef des Ponts-et-Chaussées, Ingénieur en chef du service actif des chemins de fer du Nord, officier de la Légion d'Honneur et de Marguerite Hanet-Clery.

La bénédiction nuptiale fut donnée le même jour, en l'église St-François de Sales, rue Brémontiers, et

le consentement des époux fut reçu par' l'abbé
Rudinski, ami de la famille, qui leur adressa une
remarquable allocution de circonstance, dans laquelle
il évoqua le souvenir de l'action d'éclat qui avait valu
à M. Pieron, père de la mariée, alors encore jeune
ingénieur, la Croix de la Légion d'Honneur, pendant
le siège de Paris en 1870.

La quête fut faite par M^{elles} Reingeisen, Walkenaer,
Riche et Bellaigue, accompagnées de MM. Pieron,
Alquier, Henri et André Thellier de la Neuville.

Pendant la cérémonie, qui avait attiré une foule
considérable à St-François de Sales, se firent entendre
plusieurs chanteurs très connus à Paris.

Après la messe, il y eut d'abord à la sacristie un
défilé qui dura près d'une heure, puis une réception
plus intime, chez les parents de la mariée.

M. Pierre THELLIER de la NEUVILLE est actuellement Ingénieur des Ponts et Chaussées, en service
ordinaire à Cherbourg.

92   OLIVIER-DEMASURE

————∞∞————

OLIVIER, Eugène-Victor, né à Paris, rue Gay-Lussac, N° 12, le 17 septembre 1881, P. le docteur Victor Olivier, M. Mme Léon Mercier de Beaurouvre.

Marié à Paris, VIe arrondissement, le 31 mars 1908, interne des hôpitaux de Paris, y demeurant, rue de Maubeuge, N° 6, T. du marié : Le docteur Victor Olivier, chevalier de la Légion d'Honneur, demeurant à Lille, 314, rue Solférino, son grand-père, et le docteur Charles Walther, officier de la Légion d'Honneur, professeur agrégé à la Faculté de médecine de Paris, chirurgien de l'hôpital de la Pitié, demeurant à Paris, rue de Bellechasse, 68, son maître ; pour la mariée, à la mairie : Le docteur Henri Roger, chevalier de la Légion d'Honneur, professeur à la Faculté de médecine de Paris, médecin de l'hôpital de la Charité, et le docteur Henri Hartmann, chevalier de la Légion d'Honneur, professeur agrégé à la Faculté de médecine, chirurgien de l'hôpital Bichat, amis de la famille ;

A l'église : M. André Demasure, docteur en droit, avocat à la Cour d'appel de Paris, son frère, et Me Albert Chaufton, officier de la Légion d'Honneur, avocat au Conseil d'état, et à la cour de cassation, ami de la famille, à

DEMASURE, Claire-Marie-Madeleine, née à Paris,

rue de Rennes, N° 86, le 8 mai 1883, demeurant même rue, N° 116, fille d'Armand, avocat au Conseil d'état, et à la cour de cassation, et de Mathilde Lacan.

La bénédiction nuptiale fut donnée le jeudi 2 avril 1908, en l'église Saint-Sulpice, par M. l'abbé Marbeau, curé de l'église Saint-Honoré d'Eylau, ami de la famille, qui adressa aux jeunes époux, une touchante allocution.

La quête fut faite, du côté du marié, par M. Maurice Olivier, accompagnant Mlle Yvonne Debaune, M. Rouhier, accompagnant Mlle Louise Soudée, M. Henri Thellier de la Neuville, accompagnant Mlle Suzanne Bauvin. Du côté de la mariée : par M. Pierre Chabal, accompagnant Mlle Alice Brisson, M. Robert Lemaréchal, accompagnant Mlle Suzanne Fichau, M. Robert Juilliard, accompagnant Mlle Alice Lacan.

Pendant la cérémonie, MM. Widor, Billenot, Bonnemoy et Brette, exécutèrent avec grand talent, les morceaux ci-après :

Marche pontificale de Widor — Veni creator de Durand (chœur alterné avec le grand orgue) — Pastorale de Vierne, au grand orgue — Tecum principium, de Saint-Saëns — O sacrum XVIe siècle — Deus Abraham — Air de la Pentecôte, Bach.

83-84   CAVEAU DE LA FAMILLE CREPY.

———•••———

Dans mon 2ᵉ supplément généalogique, j'avais dit un mot touchant les dispositions que je croyais utile de prendre pour assurer l'entretien et la conservation du caveau de la famille Crepy.

Mon appel a été entendu et, d'un commun accord, le 9 Juin 1905, les représentants des 7 branches de la famille se sont engagés, d'abord à prendre telles mesures qu'ils jugeraient utiles pour que leurs descendants, de génération en génération, n'oublient pas qu'ils ont un pieux devoir à remplir.

Et ensuite à participer, dans les proportions ci-après indiquées, à toutes les dépenses que pourra nécessiter la tombe de leurs ancêtres.

Cette répartition a été faite de façon à ce que chacune des branches de la famille paie d'abord, une part égale pour la sépulture de Gérard Crepy, Elisabeth Dubois, et leur fille Julie, et, en sus, le cas échéant, une autre part pour la sépulture de chacun de ses membres. Avec indication que, si une branche venait à s'éteindre, la quote-part qui lui était dévolue serait répartie entre toutes les branches restantes.

Par suite, la branche Estabel Crepy devra payer 4 trente-deuxièmes ; Crepy-Dubus, 5 ; Théodore

Bommart-Crepy, 6 ; Crepy-Reuflet, 6 ; Wallaert-Crepy, 3 . Anacharsis Bommart-Crepy, 3 ; Crepy-Raoust, 5.

M. Georges Crepy, vivement sollicité de prêter son précieux concours pour l'exécution des conventions ci-dessus, a bien voulu accepter cette charge et tous pouvoirs lui ont été donnés à cet effet.

TABLEAU

DE LA DESCENDANCE DES ÉPOUX

CREPY-DUBOIS

1795 – 1908

CREPY, Gérard. — DUBOIS, Élisabeth.

TABLE

CREPY-LE ROY

WALOP-CREPY

CREPY-DUBOIS

www.ingramcontent.com/pod-product-compliance
Lightning Source LLC
Chambersburg PA
CBHW052058090426
42739CB00010B/2233